AF302522

Je pense, donc je crois

Du même auteur

Il était une foi...
Sainte Ampoule (à paraître)
Il était (encore) une foi... (à paraître)

PATRICE
KARATCHENTZEFF

Je pense, donc je crois

@ 2024 Patrice Karatchentzeff

Édition : Ad Victoriam
https://advictoriam.fr/

Impression : Libri Plureos GmbH, Friedensallee 273, 22763 Hamburg (Allemagne)

ISBN : 978-2-9592-1312-0

Dépôt légal : décembre 2024

Heureux celui qui croit sans avoir vu.

Le Christ, s'adressant à saint Thomas, *in Évangile de saint Jean* (Jn
20, 24-29).

Thomas vit une chose et en crut une autre : il vit un homme et il confessa qu'il croyait à un Dieu, lorsqu'il s'écria : « Mon Seigneur et mon Dieu ».

Saint Thomas d'Aquin *in Somme Théologique* (II-II, q. 1, a. 4, ad 1)

À mon père, parti juste avant la parution de cet ouvrage. Il était un chercheur de Dieu, aussi bien qu'un serviteur de la science. Puisse la Sainte Vierge, qu'il a tant priée, l'avoir accueilli et conforté dans ses recherches.

De natura rerum :
les lois physiques de la nature

LA NATURE est régie par des lois physiques, que les physiciens ont découvert peu à peu. Ils les ont élaborées afin de comprendre le mécanisme sous-jacent des phénomènes naturels.

Mais qu'est-ce qu'une loi physique ? C'est tout simplement une recette qui décrit un phénomène. Elle doit être universelle, c'est-à-dire valable partout, en tout lieu et à tout instant. Quand elle est juste, le phénomène est décrit à la perfection : il est modélisé. D'un point de vue extérieur, nul ne peut faire de différence entre le modèle et le phénomène. À ce stade, les physiciens ont une grande confiance dans leur loi, car elle décrit très bien ce qu'ils observent dans la réalité, leur référence absolue : les faits.

Mais cela ne suffit pas à les convaincre de la pertinence absolue de leur loi. À cette fin, ils préfèrent qu'elle soit non seulement capable de décrire les faits, mais aussi de les prédire. À cette condition seulement, ils lui accordent une très grande confiance.

Il reste néanmoins une ultime étape pour finir de les convaincre. Une loi est d'autant plus solide qu'elle aura été testée en tout lieu, en tout temps et de nombreuses fois. Ainsi, une loi prouvée depuis des siècles, expérimentée sur Terre et en orbite, voire à des millions de kilomètres de notre planète, sera considérée comme très solide et réputée valable.

Est-ce pour autant que les physiciens lui feront une confiance aveugle ? Certainement pas. Seuls les faits restent incontestables à leurs yeux. Une loi physique réputée solide confrontée à une seule expérimentation – reproductible – qui démentirait sa validité, serait considérée comme invalide.

La loi sera-t-elle alors invalidée ? Certes non. Car plus une loi est solide et plus il sera sensé de lui apporter du crédit. Pour autant, il faudra circonscrire sa portée et convenir qu'elle n'est pas universelle : elle sera restreinte à un domaine d'application, ou bien sera amendée par une extension lui permettant de décrire les faits qui la mettaient précédemment en défaut. Les physiciens ont donc mis au point une série de lois qui s'enchâssent, chacune ayant un domaine précis d'application, permettant de leur accorder une très grande confiance, du moment que vous restez exactement dans leur champ de validité.

Comment les physiciens décrivent-ils une loi ? En réalité, une recette est juste une formulation. Il suffit de l'expliciter avec des mots. Il est donc, en théorie, possible de décrire toute loi physique avec des phrases. Si elles sont suffisamment précises, la loi est parfaitement décrite.

Cependant, si cette méthode présente des avantages, elle comporte aussi des inconvénients. Toutes les langues n'ont pas les mêmes capacités d'abstraction et une recette physique se base très largement sur l'abstraction. Certains physiciens risquent donc de buter sur les limites de leur langue. Sans compter qu'il devient difficile d'échanger avec un physicien parlant une autre langue.

C'est pourquoi les physiciens utilisent les mathématiques, un langage plus universel, doté de grandes capacités d'abstraction. Elles contiennent un panel d'outils exceptionnels pour décrire la physique, au point que personne ne sait si les mathématiques ont été inventées pour aider la physique, ou bien si l'invention des mathématiques a permis l'essor de la physique.

Quoi qu'il en soit, ces outils mathématiques requièrent rapidement des connaissances académiques, ce qui rend la physique absconse pour le profane, la circonscrivant *de facto* à un cercle de savants. Pour le plus grand mal de l'humanité, car certains esprits mal intentionnés n'hésitent pas à détourner la science pour faire avancer leurs idées politiques, en profitant de l'absence de débats contradictoires et de connaissances du grand public.

Quoi qu'il en soit, pour comprendre le monde, il est nécessaire d'avoir connaissance de la physique. C'est la raison pour laquelle je vais vous présenter sans mathématiques les bases de la physique.

Le référentiel de Galilée

LES PHYSICIENS se basent sur les faits, c'est-à-dire sur la description la plus précise possible d'un phénomène. Les précurseurs de la physique tentèrent d'expliquer chaque phénomène en faisant appel à leurs faibles connaissances et c'est la raison pour laquelle les explications anciennes avaient largement recours à la présence d'un dieu, voire à de nombreux dieux, pour répondre à la question du « comment ? ».

Malgré leur faible capacité à en extrapoler une explication sensée, les physiciens ont rapidement su décrire avec précision des phénomènes, qui dépassaient largement leur capacité de les appréhender dans leur ensemble. Ainsi, et malgré tout ce qui est raconté aujourd'hui, l'homme a, depuis plus de deux mille ans, parfaitement conscience de vivre sur une planète ronde. Très rapidement, il a pris conscience qu'il y avait un univers, même si son ordonnancement n'était pas forcément très évident : la Terre était-elle au centre, ou était-ce le Soleil ? La réponse parait évidemment triviale aujourd'hui : la question n'a pas de sens, puisque notre système solaire n'est pas au centre de l'univers – à supposer que l'univers ait un centre –, mais il était ardu de prouver une thèse plutôt que l'autre, sachant qu'à l'époque, l'homme ne connaissait pratiquement rien en physique et que les mathématiques se limitaient à la géométrie héritée des Grecs.

Mais, pour autant, la physique avait déjà fait un certain nombre de constats abstraits. Le plus important était celui de Galilée : la vitesse ou le déplacement sont relatifs. Prenez un exemple moderne pour vous en convaincre : si vous êtes dans un train à quai, à côté d'un train immobile, vous êtes incapable de savoir lequel des deux trains part, à moins d'un indice pour vous aider, comme le fait que votre train tremble lors de sa mise en mouvement. Le déplacement est donc dépendant du référentiel dans lequel vous vous placez. Si vous êtes dans un train en mouvement, vous êtes immobile dans ce train, mais mobile par rapport à l'autre train ou au quai, qui sont deux autres référentiels. Ainsi, parler de déplacement en physique sans définir un référentiel n'a tout simplement aucun sens.

La définition de référentiel – un endroit dédié qui sert de point de référence – va gouverner toute la physique moderne. Le référentiel de Galilée gouverne la physique de Newton, selon une définition peu académique, car circulaire : le référentiel galiléen est celui dans lequel la physique de Newton est juste, sachant que la physique de Newton a besoin d'un référentiel... galiléen pour être défini !

Quoi qu'il en soit, je vous propose, pour commencer, de définir cette physique de Newton.

Le génie d'Isaac Newton

LE PREMIER VÉRITABLE PHYSICIEN est Isaac Newton, un Anglais né au milieu du XVIIe siècle et qui exerce toujours une influence considérable sur toute la science.

Newton réfléchit sur le concept d'action : une boule de billard n'a aucune raison de se mettre en mouvement sans une impulsion externe. Il en déduit un concept central de la physique : la loi d'action-réaction. À chaque action sur un objet, ce dernier subit en retour une réaction proportionnée. Notez que je me garde bien de décrire ce qu'est une action pour le moment. Il s'agit à première vue du « contact » transmis par le premier objet. Ainsi, quand vous vous appuyez sur un mur, il réagit et vous renvoie le même appui : vous êtes en équilibre… car le mur est solide, n'étant apparemment pas sensible à votre action. Si vous vous placez dans la même situation contre une porte entrouverte, elle va s'ouvrir et vous allez vous retrouvez par terre. L'équilibre sera atteint, mais sur le sol, une fois que vous vous y serez immobilisé !

À partir de cette loi très simple et absolument universelle – au point qu'elle deviendra le pivot central de la physique, Newton va concevoir la première expérience de pensée, c'est-à-dire un effort d'abstraction pour penser un cas général, sans s'embarrasser du cas particulier de l'expérience.

Si un objet a besoin d'une action pour se mettre en mouvement, alors le cas général du déplacement d'un objet est l'absence de déplacement ou bien le déplacement en ligne droite, à vitesse constante.

Cela fait beaucoup d'informations de but en blanc, alors étudiez-les en les isolant pour les assimiler. Un objet qui ne subit aucune action de l'extérieur n'a par définition aucune possibilité de se mouvoir : il est donc immobile. C'est le premier point de la conclusion de la loi de Newton. Mais si l'objet se déplace déjà et qu'il ne subit aucune action externe, sa vitesse ne peut pas changer, dans un sens comme dans l'autre, car ce serait une réaction à son état initial. De même, sa trajectoire ne peut être modifiée, car la moindre modification signifierait la présence d'une réaction, et donc d'une action externe. Si l'objet a une vitesse, elle est donc forcément en ligne droite et constante.

Notez que cette loi – appelée première loi de Newton – choque le sens commun car, dans la nature, il est impossible de se trouver dans ce cas général. Par définition, le cas général s'exonère de contraintes. Or, celles-ci sont toujours présentes dans la réalité. Ainsi, votre boule de billard, que vous aurez lancée au moyen de votre queue de billard, va finir par s'arrêter en raison des frottements sur le tapis. Il y a une action du feutre vert qui provoque une réaction sur la boule et qui en modifie sa vitesse, jusqu'à l'arrêt.

Newton a bien entendu fait aussi cette constatation et en a déduit mécaniquement sa seconde loi : la somme des actions sur un objet est proportionnelle à son accélération, le facteur de proportionnalité étant l'inverse de sa masse.

Encore une fois, découpez la formulation pour bien la comprendre. Si un objet subit une action externe, il va modifier sa vitesse. Le changement de vitesse se traduit par une accélération en physique (qui peut être positive ou négative – on parle alors de décélération). Il est intuitivement compréhensible que la masse joue un rôle dans le déplacement d'un objet. En effet, plus il est lourd et plus il est difficile à déplacer, donc plus l'action doit être grande. La difficulté croît avec la masse : c'est la définition de la proportionnalité.

En réalité, Newton ne parle pas d'action, mais de force. À ce stade, il est possible de préciser davantage ce qu'est une action. Je vous l'ai présentée ci-dessus comme le contact d'un objet contre un autre objet. Ce contact a une direction, celle d'un objet vers un autre. De plus, vous pouvez décrire son intensité : un choc violent aura une grande intensité et, en cas de choc léger, elle sera plus faible. Vous pouvez donc définir une nouvelle représentation de votre action par un objet abstrait appelé vecteur, lequel a un sens – une direction – et une intensité. Vous pouvez le représenter graphiquement en dessinant une flèche. Le sens de la flèche indique le sens de l'action et la longueur de la flèche, son intensité. C'est très simple, n'est-ce pas ?

Quel est l'intérêt de cette représentation abstraite ? Tout simplement que les vecteurs – des flèches – peuvent se placer les uns à la suite des autres, la fin d'un vecteur devant correspondre au début d'un autre, dans l'ordre que vous voulez. Si le premier point – correspondant au début du premier vecteur – et le dernier point – correspondant à la fin du dernier vecteur – se superposent, alors l'ensemble des forces s'annulent tout simplement. Sinon, vous tracez un nouveau vecteur entre ces deux points et vous avez la direction dans laquelle votre objet va se diriger. Et comme cette direction a une intensité – la longueur de la flèche – alors cette intensité est proportionnelle à l'accélération, donc vous pouvez calculer l'accélération de votre objet. C'est déconcertant de facilité, mais d'une « puissance descriptive » incroyable !

Les mathématiques de la physique newtonienne

Avec Newton est née la physique moderne. La notion d'abstraction y est entrée de plein droit. Mais de quelle manière ?

Tour d'abord, la physique de Newton fait fi de la forme de l'objet. Elle se concentre sur un point virtuel, appelé centre de gravité, sur lequel s'appliquent les forces et l'accélération. Ensuite, vous extrapolez le résultat obtenu à l'objet tout entier. Ce n'est pas si surprenant, si vous considérez l'objet comme un tout indéformable et que la vitesse d'un point quelconque correspond à celle de tous ses points. Mais il est évident que cela limite son domaine d'application à ce type d'objet. Il faudra trouver une autre loi pour des objets mous ou fluides.

D'autre part, cette physique introduit naturellement la notion de représentation mathématique. Votre vecteur a un début et une fin. Techniquement parlant, pour ne pas mélanger vos vecteurs, il vous faut les repérer dans l'espace. Vous devez donc créer un espace artificiel, doté d'un point central – votre origine – et d'axes, vous permettant de vous situer. Votre espace étant usuellement à trois dimensions, il vous faut trois axes, naturellement nommés selon les caractéristiques usuelles des volumes, à savoir la longueur, la largeur et la hauteur. Ainsi, connaissant l'origine, la largeur, la longueur et la hauteur par rapport à cette origine, vous pouvez repérer de façon très précise votre vecteur, en plaçant son point d'origine et son point final dans l'espace que vous avez construit. Il est assez facile de mathématiser les calculs pour définir la longueur du vecteur (la distance qui sépare son point d'origine de son point final), puis de faire la somme et la différence des vecteurs. Tout cela est basé sur la géométrie euclidienne, connue depuis l'antiquité grecque. Notez que le résultat ne dépend pas du choix de l'espace que vous avez construit. Vous pouvez définir son origine où vous voulez – où cela vous arrange –, ainsi que l'emplacement de vos repères de longueur, largeur et hauteur. Cet espace est tout à fait abstrait, tout droit sorti de votre imagination : il est parfaitement mathématique. Mais il n'est pas très compliqué à visualiser, pas plus que lorsque vous lisez une carte routière, sur laquelle tout votre environnement extérieur tient bêtement sur un carré de papier de cinquante centimètres de côté !

D'autre part, la physique de Newton introduit naturellement la notion de trajectoire, qui est l'ensemble des points de l'espace parcouru par l'objet étudié. Qui plus est, la loi de Newton prédit avec précision tous les paramètres de cette trajectoire : en tout point de la trajectoire, vous pouvez prédire le point suivant ou le point précédent. La loi est donc parfaitement prédictive.

La physique mathématique est donc née avec Newton.

La physique et les mathématiques vont alors n'avoir de cesse de se développer en parallèle, avec cette curieuse coïncidence que les concepts les plus abstraits des mathématiques vont toujours trouver une application dans le champ de la physique. Certains philosophes des sciences pensent que c'est un peu le paradoxe de l'œuf et de la poule. C'est parce que nous raisonnons de la sorte, et que nous analysons le monde de la même sorte, que les outils pour le décrire dérivent naturellement de la vision de ce qui nous entoure. Quoi qu'il en soit, les mathématiques permettent à la physique de développer ses lois avec la précision qu'on lui connaît aujourd'hui.

Que la force soit avec toi !

REVENEZ quelques instants sur la notion de force. Cette force est mystérieuse et semble tout droit sortie d'un chapeau. Elle a un côté un peu magique, qui n'est pas sans rappeler celle des chevaliers Jedi de *Star Wars*.

Elle n'a fort heureusement rien à voir, sinon les physiciens modernes n'auraient pas grand-chose à envier à leurs ancêtres, plus magiciens que vraiment scientifiques. La force est l'expression à grande échelle du principe d'action-réaction à petite échelle. En effet, à une échelle minuscule, la matière est composée de particules élémentaires qui interagissent en permanence en s'échangeant d'autres particules.

Imaginez-vous sur une barque, debout avec un ballon dans les mains, en face de quelqu'un dans la même position, mais sur une autre embarcation. En lançant le ballon devant vous, vous subissez la loi d'action-réaction. Le fait de pousser le ballon induit une réaction inverse sur la barque, laquelle n'étant pas stable, va donc se déplacer doucement dans le sens inverse de la trajectoire du ballon. La personne en face qui reçoit votre ballon subit la même loi, mais pour des raisons opposées. En bloquant le ballon, cette personne va faire subir par réaction un recul à son embarcation. Les deux barques vont s'éloigner légèrement l'une de l'autre. Si cette personne vous renvoie le ballon, et vous de même, et ainsi de suite, vous allez créer une succession d'actions-réactions sur vos barques respectives, qui vont peu à peu s'éloigner l'une de l'autre. De plus loin, si la vision des ballons vous échappe, tout se passe comme si une force mystérieuse les éloignait l'une de l'autre. Vous avez créé une force répulsive.

Pour créer une force attractive, il suffit que les personnes se tournent le dos. En lançant son ballon devant elle, chacune pousse sa barque dans le sens opposé, c'est-à-dire ici l'une vers l'autre. Il faut une bonne réserve de ballons, mais s'il y en a suffisamment, les deux barques peuvent se rejoindre. Vous avez donné l'illusion d'une force attractive.

Toutes les forces de la nature peuvent donc s'expliquer en observant ce qu'il se passe à une très petite échelle. Elles se basent toutes sur le même principe et se différencient seulement par la particule qu'elles s'échangent. Cette dernière, plus ou moins énergétique et cinétique, permet de caractériser la nature de la force. Ainsi, il existe des forces à portée très faible ou, au contraire, à portée très éloignée, quasi infinie, et des forces très peu intenses ou, au contraire, d'une intensité les rendant pratiquement « incassables ». La nature étant bien faite, les forces de portée les plus éloignées sont aussi celles qui sont les plus faibles… Sinon, toutes les particules du monde seraient écrasées au même endroit, et vous vous vivriez dans un cube de très petite dimension !

La mécanique newtonienne : une confiance absolue ?

Revenons un peu sur la confiance associée à la loi physique. Qu'en est-il pour la physique de Newton ? Après tout, une loi, découverte il y a plus de trois cents ans, a un côté un peu poussiéreux, pour ne pas dire antique, qui prête à sourire dans notre ère moderne et technologique. Quel crédit lui apporter aujourd'hui ?

Vous pouvez cependant effacer votre sourire immédiatement : la mécanique newtonienne, puisque cette physique décrit le mouvement – le mécanisme –, est d'une solidité à toute épreuve, si bien qu'elle est toujours d'actualité, qu'elle sert partout et en tout lieu, à chaque fois qu'un ingénieur ou un physicien a besoin de répondre à un calcul. Excusez du peu pour une « antiquité » de trois cents ans ! Le plus merveilleux, avec cette loi, est son champ d'application. Elle s'applique aux petits objets comme aux plus gros, telle la mécanique céleste qui décrit les orbites des différents astres. A-t-elle prédit quelque chose ? Tout simplement l'existence d'une planète, que les télescopes d'alors étaient incapables de voir ! En calculant l'ensemble des orbites connues à cette époque, les astrophysiciens du XIXe siècle se sont rendu compte que les observations ne concordaient pas avec leurs calculs. En revanche, en ajoutant une planète dont ils pouvaient même prédire la masse et la trajectoire, cela tombait juste. Et c'est exactement ce qu'il s'est passé avec la découverte de Neptune en 1846 !

Il est bon, à ce stade, de savoir que le succès de
la mécanique newtonienne doit pour une grande
part à la résolution du problème de la mécanique
céleste, dont les physiciens avaient déjà un modèle empirique. Newton a proposé une explication
simple, mais terriblement efficace : deux corps
massiques s'attirent naturellement, de façon proportionnelle au produit de leurs masses, et à l'inverse du carré de la distance qui les sépare. Le
facteur de proportionnalité est une constante de
la physique.

Il y a beaucoup d'informations ici et il est important de s'arrêter de nouveau quelques instants.
Cette loi explique pourquoi un corps tombe quand
il n'est plus soutenu. Quand une pomme se dé-
tache de l'arbre, elle ne reste pas à flotter dans
l'air : elle chute sur le sol. En réalité, elle attire
le sol comme le sol l'attire. Mais le sol est ratta-
ché à la Terre, qui a une masse démesurément
plus grande que la pomme, et la Terre attire beaucoup plus la pomme que l'inverse. C'est donc la
Terre qui gagne et la pomme qui cède, attirée par
le sol. Les physiciens parlent de loi de la gravitation universelle, car cette loi s'applique partout

où il existe un objet avec une masse. La force de gravitation a une portée théorique infinie, mais sa portée pratique décroît avec le carré de la distance, c'est-à-dire la distance multipliée par elle-même. Sa portée effective est donc assez faible et dépend essentiellement de la masse de l'objet. L'attraction de la Terre se fait ainsi ressentir de façon « assez lointaine », tandis que l'attraction de la pomme est totalement négligeable par rapport à celle de la Terre.

Cette loi introduit, par ailleurs, la constante de gravitation universelle, une des nombreuses constantes de la physique. Quelle est donc cette constante ? Il s'agit d'une valeur numérique – un nombre, donc – que vous retrouvez partout, qui a une valeur déterminée d'une très grande précision, et sans lequel le monde tel que vous le connaissez n'existerait pas. Ainsi, si vous changiez une fraction de la valeur de cette constante, même de façon infinitésimale, alors l'univers n'existerait tout simplement pas, puisqu'il n'aurait pas pu se développer avec les mêmes lois de la physique que celles qui ont permis son expansion.

La physique repose donc sur des lois qui font elles-mêmes intervenir des valeurs constantes qui sont calculables. Il en existe assez peu, moins d'une centaine, et pourtant toutes jouent un rôle central dans l'existence de notre univers.

La mécanique quantique et la relativité générale

LA MÉCANIQUE NEWTONIENNE a tout de même un champ d'application restreint, malgré son apparente universalité. Elle trouve en effet ses limites dans l'infiniment petit et dans l'explication réelle de ce qu'est la gravitation.

La gravitation s'explique assez raisonnablement par la force de gravitation, selon la loi énoncée ci-dessus. Celle-ci a validé un concept aussi extraordinaire que les orbites célestes et prédit l'existence de Neptune. C'est dire si la confiance que lui accordent les physiciens est grande. Toutefois, une mesure précise d'une orbite de Mercure a ébranlé cette certitude, le calcul newtonien et la mesure ne correspondant pas. Certes, l'erreur est petite, immensément petite, mais elle est reproductible. Il existe donc une minuscule différence entre la théorie et la réalité. Or, il n'a pas été possible de trouver une nouvelle planète pour justifier cette différence, ni d'amender la loi de Newton pour la faire correspondre à ces faits nouveaux. La mécanique newtonienne a donc trouvé là sa limite.

Ce fut le physicien Albert Einstein qui trouva la solution à ce problème en 1915 en exposant au monde sa Relativité générale, qui porte bien mal son nom. Il s'agit en réalité d'une loi sur la gravité. Ce fut une révolution parce que, pour la première fois, la physique sortit du domaine confortable de la représentation mathématique intuitive, pour aller tutoyer celle des mathématiques non représentables, créant *ipso facto* un schisme avec le grand public. Einstein s'appuya en effet sur un univers à quatre dimensions pour sa théorie, alors que l'homme vit et ne peut se représenter qu'un univers à trois dimensions. Le physicien démontra que la gravité n'est en réalité pas une force, mais la déformation de l'univers représenté en quatre dimensions (trois d'espace et une de temps).

Comme lui-même n'était pas assez féru de mathématiques, Einstein emprunta aux avancées mathématiques de son époque – les espaces de Minkowski – pour appuyer sa théorie. Il dut d'ailleurs travailler dur pour acquérir les nouvelles connaissances nécessaires à ses fins. Le résultat ? Il fallut attendre quelques années pour que des expérimentations lui donnent raison. Toutefois, pour la première fois, le grand public fut dépassé et les journalistes eurent bien de la peine à essayer de vulgariser sa découverte. Heureusement pour sa crédibilité, Einstein avait auparavant élaboré sa théorie de la Relativité restreinte, qui permet de comprendre comment l'information circule. Il introduisit, à cette fin, une nouvelle constante de la physique, à savoir la vitesse de la lumière. Curieusement, Einstein ne reçut pas le prix Nobel pour ces deux découvertes majeures, mais pour l'explication d'un phénomène qui donna lieu ensuite à une nouvelle révolution en physique : la mécanique quantique.

En effet, la mécanique de Newton prend pour acquis que la matière est continue, puisque tous ses points forment un tout et que l'énergie de l'ensemble se répartit uniformément. Je n'ai pas parlé d'énergie jusqu'à présent, mais il est tout à fait possible de reprendre tous les concepts de Newton sur les forces en les échangeant avec ceux de l'énergie. Au lieu de considérer une action sous forme de force, vous pouvez définir une action sous forme d'énergie et créer une nouvelle physique, en tout point analogue dans ses conclusions et sa puissance de démonstration.

Le problème de continuité va rapidement heurter la réalité expérimentale. Notamment pour le problème apparemment insoluble du corps noir. Voyez le corps noir comme un four. Quand vous le chauffez, il rayonne. Le chauffer veut dire lui apporter de l'énergie, sous forme de chaleur. En réaction, il renvoie de l'énergie, également sous forme de chaleur. Or, comment répartir uniformément de l'énergie sur un corps composé d'une infinité de points ? Formulé autrement, comment répartir un nombre fini d'objets dans une boite contenant une infinité de rangements, sachant que chaque rangement ne doit en posséder qu'un? Sans compter que, si chaque rangement émet une énergie en retour, la boîte vous renvoie une énergie infinie, puisqu'il y a une infinité de renvois! Concrètement, à chaque fois que vous allumez votre four, il devrait exploser selon la logique newtonienne… ce qui n'est manifestement pas le cas, sinon tous les cuisiniers du monde seraient des terroristes en puissance!

La solution ne heurte pas le bon sens. Quand vous regardez vers l'infiniment petit, c'est-à-dire que vous découpez la matière encore et encore, il existe une limite à partir de laquelle vous ne pouvez plus découper. Sinon, la moindre parcelle d'univers contiendrait une infinité d'éléments, ce qui serait en contradiction avec le fait que cette parcelle n'est qu'une partie de l'univers.

Les physiciens affirment que la matière est quantifiée, c'est-à-dire composée de particules élémentaires insécables, appelés quanta. Ils ont également découvert que l'énergie que peuvent prendre ces quanta est aussi quantifiée, c'est-à-dire qu'elle ne peut prendre que certaines valeurs pré-

cises. Ainsi, transmettre de l'énergie à ces particules ne les fait pas réagir tant qu'elles n'ont pas
atteint le seuil d'énergie suivant, c'est-à-dire tant
qu'elles n'ont pas reçu la quantité d'énergie nécessaire pour combler le déficit avec le seuil suivant.
C'est en réalité ce qu'a proposé Einstein pour expliquer l'effet photo-électrique : tant que le rayon-
nement – c'est-à-dire l'apport d'énergie – n'est pas
suffisant, l'effet ne se déclenche pas. L'énergie est
donc quantifiée. Ce constat était une révolution
en 1905. Si la Relativité générale est inaccessible
à la représentation humaine, que dire de la mécanique quantique ? Les notions naturelles asso-
ciées aux objets, à savoir leur trajectoire bien dé-
finie, ainsi que la connaissance en même temps
des emplacements et des vitesses, disparaissent
au profit d'une connaissance probabiliste. Le déplacement d'un objet est contenu dans un ensemble de trajectoires, ensemble s'étendant potentiel-
lement à l'infini ! Chaque trajectoire de cet ensemble a une probabilité plus ou moins grande d'existence et seule la mesure permet de connaître l'endroit réel où se trouve l'objet. Un des effets les plus
perturbants de cette physique réside d'ailleurs

dans l'impossibilité de déduire les valeurs d'une autre mesure à partir de la mesure courante. Dans la physique de Newton, vous pouvez mesurer la vitesse ou l'emplacement d'un objet et en déduire le déplacement et la vitesse suivants. Dans la physique quantique, la mesure est seulement probabiliste : elle ne permet pas de déduire l'état de l'objet avant ou après la mesure. Pour ce faire, cette physique repose sur des mathématiques encore plus complexes que les espaces de Minkowski de la Relativité générale, à savoir des espaces de dimensions... infinies, dotés de nombres bizarres appelés complexes, car ils sont tous des couples ! Avec les quatre dimensions des espaces d'Einstein, il était déjà presque impossible de se représenter cette physique : moyennant quelques astuces, il était toutefois possible de contourner la difficulté. Mais, avec une infinité de dimensions, il est strictement impossible de trouver un moyen de représentation : l'abstraction pure est indispensable. Une conséquence malheureuse est que toute tentative de réduire la mécanique quantique à une vision classique de la physique conduit à dire des bêtises... et Dieu sait si le domaine est très mal compris et maîtrisé, même près de cent ans après sa découverte, au moins auprès du grand public !

Il est temps d'observer le temps

DANS TOUTES LES LOIS PHYSIQUES dont je vous ai parlé jusqu'à présent, le temps est une variable qui n'a aucune importance, qui est neutre et un peu présente parce que cela arrange tout le monde. De fait, toutes ces équations, c'est-à-dire leurs mises en représentation mathématique, restent exactes dans n'importe quel sens du temps. Vous pouvez donc aller dans un sens comme dans l'autre, sans invalider ces lois.

Mais cela a-t-il du sens ? En effet, tentez l'expérience suivante : posez un œuf en déséquilibre sur le bord d'une table et filmez-le. L'œuf va tomber et se casser sur le carrelage. Passez ensuite ce film à l'envers dans une salle de cinéma, c'est-à-dire à partir du moment où l'œuf explose sur le sol jusqu'à ce qu'il remonte – reconstitué – sur la table. Vous avez cent pour cent de chance que les spectateurs se mettent à hurler en disant que le film passe à l'envers ! Si vous leur posez la question du pourquoi, vous aurez invariablement les réponses suivantes : « C'est impossible ! » ou bien « C'est évident ! ». Il est certain que vous-même êtes tout autant convaincu de cette évidence, sans être capable d'argumenter davantage que les spectateurs.

Il existe une loi de la physique pour expliquer ce phénomène. C'est la seule qui n'est pas basée sur une explication mathématique, mais sur une expérience collective de l'humanité. En effet, personne n'a jamais vu un œuf se reconstituer de lui-même (et encore moins sauter en l'air pour remonter sur la table de laquelle il avait chuté). Comme personne n'a jamais vu un plongeur remonter sur son plongeoir situé cinq mètres plus haut. Comme personne n'a jamais vu un verre se reconstituer tout seul après avoir été brisé. Il y a donc un consensus collectif, basé sur l'expérience quotidienne, pour décrire que certains phénomènes physiques existent dans un sens, et pas dans l'autre. C'est la thermodynamique – la physique qui étudie la chaleur – qui propose une loi pour caractériser cette expérience. À cette fin, elle introduit la notion d'entropie, qui est l'ensemble des relations possibles entre toutes les particules d'un objet. Cette loi affirme que l'entropie d'un système est toujours croissante. Autrement dit, les relations qui lient toutes les particules d'un objet vont devenir toujours plus complexes. Pour expliquer les choses plus clairement, un système évolue toujours vers le désordre. Vous pouvez voir l'ordre comme un rangement des particules d'un système – où chaque particule a une relation simple avec ses voisines les plus proches – et le désordre comme un éloignement de toutes ces particules entre elles, avec, comme conséquence une mise en relation avec toujours plus de voisines. Le nombre total de relations a donc augmenté de l'ordre vers le désordre.

Concrètement, cette loi, appelée second principe de la thermodynamique – principe parce qu'il est admis et qu'il n'est pas possible de le démontrer – est la seule « loi » qui introduise la notion de l'écoulement du temps. Dans un sens, l'écoulement est possible (le sens de l'entropie croissante) et, dans l'autre, il est impossible (l'entropie décroîtrait, ce qui violerait le second principe de la thermodynamique). Notez bien là qu'il s'agit seulement d'un principe : si vous arrivez à produire une expérience le mettant en défaut, courez chez le premier physicien du coin et montrez-la-lui. Il y a fort à parier que vous deviendriez plus célèbre qu'Einstein en personne ! Ce principe est si solide qu'il fait partie des « certitudes » des physiciens... au point que toute loi qui violerait le second principe est aujourd'hui automatiquement rejetée par la communauté scientifique.

Conclusion sur la physique

IL EST TEMPS de conclure ce long, mais ô combien nécessaire à la suite de cet ouvrage, préambule sur la physique.

La physique a pour but de décrire la nature au moyen d'un langage abstrait que sont les mathématiques. Elle propose à cette fin des lois qui sont réputées solides quand elles sont capables non seulement d'exprimer le mécanisme d'un phénomène, mais aussi de prévoir son comportement. Elles sont admises comme particulièrement robustes quand elles ont été testées en long et en large, partout et en tout lieu.

La physique moderne a établi un lot de lois extrêmement robustes qui expliquent avec une certaine finesse le fonctionnement de l'univers. Malheureusement, le niveau d'abstraction augmente avec la complexité des lois, ce qui se fait au détriment du plus grand nombre. Les compétences nécessaires à la compréhension de ces lois sont inaccessibles sans de solides connaissances académiques.

Bien que se targuant légitimement d'avoir compris bien des choses, les physiciens n'ont pas encore fait le tour de tout. La physique est totalement incapable de déterminer une loi physique unique, par exemple, dont toutes les lois découvertes jusqu'à présent découleraient naturellement. Elle est aussi incapable d'étudier les phénomènes complexes du vivant, laissant cette branche à la biologie, chargée d'étudier seulement les relations entre les parties du vivant. Et, bien entendu, elle est incapable d'analyser la pensée et le raisonnement humain, domaine réservé à la métaphysique, laquelle a pour objet la connaissance de l'être, et qui ne saurait être mise en équation.

De la conséquence
de l'enchaînement des causes

Revenez maintenant à votre expérience première, celle où vous poussiez une boule de billard. Analysez-la désormais avec vos connaissances de physique. Votre boule d'ivoire est assurément régie par la loi de Newton : nul besoin de recourir à de la physique de pointe pour un cas aussi simple. La force imprimée par la queue – ou la transmission de son énergie – imprime un mouvement à la boule dans la direction du tir, donnée par la pointe de la queue. La boule se déplace ensuite en ligne droite dans cette direction, seulement freinée par son interaction avec le duvet du tapis vert, qui peine à l'arrêter. Elle va plus probablement heurter une bande – entraînant une réaction qui va infléchir sa trajectoire, voire une autre boule si vous avez bien visé. Cette percussion va aussi entraîner une nouvelle réaction, infléchissant de nouveau sa trajectoire, et ainsi de suite, jusqu'à l'arrêt du mouvement. Il est théoriquement possible de tout mettre en équation et un robot bien conçu devrait pouvoir gagner à tous les coups !

Prenez toutefois un peu de hauteur. Ce n'est pas la queue qui imprime l'impulsion initiale, mais le « coup de queue », c'est-à-dire votre mouvement de bras. La queue n'est qu'un objet intermédiaire, neutre, servant à canaliser l'énergie de votre bras. Elle ne participe que contre son gré, étant donné qu'elle subit autant l'action que la boule.

Si votre bras est moteur, ce n'est pourtant pas lui qui a décidé de tenir la queue et de frapper la boule. Personne n'a jamais vu agir un bras en dehors du corps. Et, comme pour le second principe de la thermodynamique, « tout le monde sait » que ce n'est pas le corps qui décide non plus, mais la volonté. On sort ici très largement du domaine de la physique, puisqu'on se situe au niveau de l'être désormais. La volonté n'a pas d'équivalent en sciences. Si la biologie peut expliquer certains phénomènes sensibles de l'être, comme l'appétit ou la soif, en décrivant scrupuleusement les interactions bio-mécaniques internes qui les provoquent, la volonté est propre à l'homme, indépendamment des réactions bio-physico-chimiques auxquelles il est soumis, contrairement aux animaux qui n'utilisent leur volonté que pour assouvir leurs appétits sensibles. Toutefois, la volonté n'est pas non plus à l'origine du bras moteur. Auparavant, vous avez réfléchi à ce que vous alliez faire. Il y a donc préalablement eu un raisonnement, qui a conduit à une prise de décision, ensuite traduite par une volonté dont le moyen fut le bras.

Mais même ainsi, vous pourriez prendre encore plus de recul, en remontant encore plus loin dans l'origine des causes. Vous avez sans doute répondu à une invitation à vous réunir autour de cette table de billard. Il y a donc eu une action qui a précédé votre raisonnement de jeu, action qui vous a convaincu d'aller jouer, à laquelle vous avez réfléchi et accordé les moyens pour vous y rendre.

Vous comprenez ainsi que vous pouvez remonter de façon infinie le fil des causes qui ont mené à ce coup de queue. Toute votre vie est une succession de causes qui vous ont conduit à cette table de billard. Techniquement, vous n'en êtes même pas responsable, puisque vous n'avez pas demandé à venir au monde : vos parents l'ont décidé à votre place. Mais même eux n'ont pas décidé de venir au monde. Vous pouvez donc remonter le temps – dans le sens qui diminuerait l'entropie – pour remonter toute la lignée humaine. Et, même ainsi, cette lignée est née de quelque chose, que ce soit d'un autre animal ou d'une soupe primitive, déplaçant toujours plus en amont la causalité originelle.

Cette cause elle-même prend naissance dans celle de la Terre, qui prend elle-même naissance dans le système solaire, qui prend lui-même son origine dans la création de l'univers. L'astronomie décrit, avec une précision assez grande aujourd'hui, cette naissance. Il y aurait eu un instant zéro pendant lequel l'univers tout entier –

sous forme d'énergie – était concentré dans un point unique. C'est quelque chose aussi inimaginable que la physique quantique, mais qui répond parfaitement aux observations astrophysiques actuelles. Cet instant zéro est nommé le *Big Bang*, le gros boum, parce qu'il ressemble à une gigantesque explosion à partir de laquelle tout a été créé, même s'il n'y a eu en réalité aucune détonation. De façon évidente, à cet instant précis, l'entropie de l'univers était au plus bas et n'a cessé de croître depuis lors, créant la ligne du temps telle que vous pouvez la décrire aujourd'hui.

Quel est donc cet enchaînement de causes successives depuis le Big Bang si ce n'est la généralisation du principe d'action-réaction ? Que votre action soit désormais le fruit de la combinaison d'une réflexion, de l'expression de votre volonté et de l'utilisation d'un moyen de mise en œuvre, ne change rien à la finalité : à une action s'enchaîne invariablement, en conséquence, une réaction.

Le fait donc que vous ayez tapé votre boule de billard découle directement de la création de l'univers.

Une cause première

SANS accorder trop d'importance à la relation entre la création de l'univers et votre boule de billard, vous pouvez quand même légitimement vous interroger sur la succession de causes que je viens d'évoquer.

Une question particulièrement intrigante vous vient certainement à l'esprit : quelle cause a déclenché l'instant zéro? En effet, si toute réaction procède d'une action précédente, alors la création de l'univers elle-même procède d'une cause antérieure, puisque la création n'est pas stable. Or, pour respecter les lois de la physique que vous connaissez, il faut donc que la cause précédente soit dans un état de plus basse entropie. Mais, si le temps commence à l'instant zéro, quel est cet état qui aurait une entropie plus basse? Il existerait un temps entre cet état et le temps zéro du Big Bang, temps qui s'écoulerait dans le « sens du temps », dans un temps qui n'existerait pas encore et qui serait créé à l'instant zéro. Cela paraît n'avoir absolument aucun sens. Le simple fait qu'il existe un temps qui s'écoulerait indiquerait mécaniquement une succession d'événements, donc de causes. S'il existait quelque chose avant le Big Bang, cette chose serait soumise à cette succession qui ne ferait que repousser la véritable question : y a-t-il un déclencheur initial ?

Certains scientifiques ont tout tenté pour essayer de rayer cette question en la rendant impossible à poser. Ils ont essayé de créer des univers successifs, la mort de l'un donnant naissance au suivant, ou bien de créer une infinité d'univers, les hommes n'ayant alors conscience de n'appartenir qu'à un seul. Aucune de ces théories ne tient debout. Premièrement, parce qu'il est scientifiquement impossible de les prouver. Ensuite, parce que ces thèses posent plus de problèmes qu'elles n'en résolvent, et qu'il faut tordre la réalité dans tous les sens. Enfin, parce qu'il faut souvent violer la plupart de nos lois physiques pour y adhérer. Il faut aussi ajouter comme argument que la plupart de ces scientifiques sont des athées militants : leur démarche ressemble davantage à du militantisme qu'à une véritable recherche scientifique, par essence désintéressée.

46

Pourtant, la théorie la plus simple, à savoir répondre logiquement à cette question, résout tous les problèmes.

Prenez donc le parti du bon sens et de la logique et répondez à la question : y a-t-il un déclencheur initial ? Répondre par la négative oblige à tordre le cou à tant de principes que cela en est risible. Le plus crédible est donc de répondre par l'affirmative.

Admettez donc pour le moment la réponse la plus crédible, à savoir l'existence de cette cause première. Et penchez-vous sur les conséquences de ce choix.

Les conséquences de l'existence d'une cause première

JE VOUS PROPOSE désormais d'étudier les conséquences de l'existence d'une cause première. À défaut de pouvoir démontrer avec certitude

l'existence d'une telle cause, dans le cas où ses conséquences seraient en phase avec ce que vous observez autour de vous, vous pourriez confirmer *a posteriori* l'exactitude de cette hypothèse.

S'il existe une cause première, par définition, il n'y en a pas d'antérieure. Cela ressemble à une lapalissade, pourtant cela a des conséquences assez importantes et directes. La première conséquence est que cette cause ne peut avoir créé l'univers par hasard. Le principe d'action réaction implique, en effet, que la réaction ne peut pas être plus importante que l'action. Ce que vous pouvez traduire par « les effets ne dépassent jamais la cause ». La cause embrasse donc toujours toutes les conséquences de la réaction, et souvent la dépasse. Votre boule de billard n'a par exemple aucune volonté ni conscience d'être manipulée. Si vous avez la possibilité de raisonner, d'exercer votre volonté et de concentrer vos moyens pour l'exercer, la cause initiale ne peut pas avoir moins de capacité que vous : elle est dotée de raison, d'une volonté et d'une capacité d'agir. Elle est donc consciente.

La cause première est également unique, par définition. Vous avez donc affaire à quelque chose

48

d'unique, capable pour le moins de raisonner, d'exprimer une volonté et d'agir.

Il est donc certain que la construction de l'univers relève d'un raisonnement de cette cause unique, qui en a exprimé la volonté et qui a mis les moyens pour la réaliser. L'univers est donc une création.

De quoi est constituée la cause première ?

SI LA CAUSE est première, rien ne la précède, *a fortiori* pas d'autres causes. Elle est dans un état d'entropie constant puisque le système n'évolue pas. L'entropie est minimale. Le temps ne s'écoule donc pas. Le temps ne démarre que lorsque l'entropie change, à l'instant du Big Bang. L'univers, donc le temps, est sa création. Un objet créé n'affecte pas le créateur dans son essence. Le temps n'agit donc pas *a posteriori* sur la cause première. Elle existe donc depuis toujours dans un système sans temps.

De quoi est vraiment constituée la cause première ? La matière est une conséquence de la cause première, elle ne saurait être à l'origine d'elle-même. En effet, au moment du Big Bang, la matière n'existait pas encore. La cause première n'est donc pas composée de matière ni de quoi que ce soit qui est issu de l'instant zéro, comme l'énergie. Il serait tentant de dire que la cause première est composée de rien, c'est-à-dire de rien de connu par nos sens humains, qui n'ont manifestement été conçus que pour interagir avec la matière de notre univers. Rien étant *a priori* privé de sens, vous ne pouvez qu'affirmer que cette cause première n'est pas composée de matière : elle est donc immatérielle et, par définition, inaccessible aux moyens humains de perception.

Étant première, cette cause immatérielle ne connaît rien d'autre qu'elle-même, car il n'existe rien d'autre. Elle occupe donc tout l'endroit où elle se situe. Endroit et cause se confondent.

La cause première n'a pas de début, puisqu'elle existe depuis toujours : elle est immatérielle et l'endroit où elle se trouve se confond avec elle-même.

Quelles sont les qualités de la cause première ?

LA QUALITÉ qui vient immédiatement à l'esprit pour caractériser la cause première est d'être parfaite, car la perfection est l'absence de défaut. Si la cause première possédait en effet un défaut, il existerait une imperfection dans son être, qui pourrait être corrigible au moyen d'une action extérieure, ce qui voudrait dire qu'il existerait une cause antérieure plus parfaite, capable de la corriger. Or, il n'existe pas de cause antérieure puisqu'elle est première. Elle est donc *de facto* parfaite.

La cause première doit être dotée pour le moins des mêmes qualités que l'homme, puisque ces qualités sont intrinsèques à l'homme, qui a en hérité à la naissance. La cause première ne peut pas posséder en moindre quantité toutes les qualités de l'homme. Elle doit donc les posséder en même quantité. Comme, de plus, elle est parfaite, elle doit les posséder à la perfection.

La cause première possède donc à la perfection l'intelligence et la bonté.

Attardez-vous quelques instants sur les mauvaises qualités de l'homme. Il serait tentant, avec le même raisonnement que précédemment, de les attribuer aussi à la cause première. Mais qu'est-ce qu'une mauvaise qualité, si ce n'est une bonne qualité qui aurait été altérée ? Ainsi, la méchanceté est le pendant de la bonté. La méchanceté est une bonté dépourvue de… bonté. Un homme un peu méchant est un homme à qui il manque l'entièreté de sa bonté, dont une partie a été altérée. Une mauvaise qualité n'est donc qu'une sous-partie d'une bonne qualité, qui peut être comblée par ajout de ce qui est manquant. Elle est donc une qualité incomplète, c'est-à-dire le contraire d'un aboutissement, d'une plénitude. Par définition, un être parfait ne saurait avoir de manque. Il ne serait donc pas sujet à posséder de mauvaises qualités, car il posséderait les bonnes en totalité.

De plus, sa perfection l'empêcherait de vieillir et de mourir. En effet, la vieillesse est une déliquescence de l'être, ce qui suggérerait que la cause première puisse devenir imparfaite. De même, la mort étant la déliquescence totale, elle ne pourrait avoir lieu sans corrompre la cause première. Cette dernière est donc condamnée à vivre toujours : la cause première est éternelle.

Le portrait-robot de la cause première

Vous esquissez peu à peu un portrait de la cause première, même s'il apparaît sous des traits surprenants pour l'homme qui vit dans l'univers.

Cette cause est indépendante du temps, qu'elle a créé. Elle « vit » donc en dehors du temps. Le temps n'agit pas sur elle et, du point de vue humain, elle vit depuis toujours et n'a pas de raison de cesser de vivre pour toujours, en conséquence de sa perfection. Elle est donc éternelle.

Cette cause n'a pas de substance matérielle : elle est immatérielle. Elle occupe tout et elle est tout en même temps.

Cette cause est consciente : elle raisonne, exprime sa volonté et agit. Elle a décidé de créer l'univers dans lequel l'homme évolue. Elle en a donc établi les règles de fonctionnement, règles que les hommes appellent les lois de la physique. Ces lois, basées sur des constantes numériques, plaident en ce sens : la cause première les a réglées de manière à ce que l'univers existe tel que l'homme le connaît.

Cette cause possède à la perfection toutes les qualités, comme la bonté et l'intelligence. Une preuve de son intelligence supérieure est sa capacité à appréhender tout le fonctionnement de l'univers que l'homme, malgré des centaines d'années de recherche, ne commence qu'à peine à effleurer. Et, à ce stade, seule une poignée d'hommes extrêmement intelligents sont capables d'en comprendre les mécanismes primaires...

Il est par ailleurs aisé d'affirmer que, si l'intelligence de cette cause première est parfaite, il lui est trivial de voir l'avenir. En effet, l'avenir n'est qu'une succession d'événements probables. Vous êtes allé jouer au billard parce que vous y avez été invité, vous y avez été invité parce que vous avez rencontré par hasard un ami, vous avez rencontré par hasard un ami parce que votre véhicule est tombé en panne, *etc*. Mathématiquement parlant, à partir d'un événement, vous pouvez calculer toutes les successions d'événements possibles. Vous dessinez un arbre des possibilités avec des milliards de milliards de milliards de ramifications qui sont tous les futurs partant d'une situation donnée. C'est humainement incalculable, y compris par l'ordinateur le plus puissant du monde, mais, pour une intelligence parfaite, cela ne doit pas être plus compliqué qu'additionner deux et deux. La cause première lit donc clairement dans l'avenir à partir de l'instant présent.

Comment se nomme
la cause première ?

La dénomination « cause première » est un peu lourde à écrire et il serait plus facile de lui donner un autre nom. Vous pourriez arbitrairement choisir un nom, mais il serait sans doute judicieux de chercher si cette cause première ne vous rappelle pas quelqu'un ou quelque chose qui aurait déjà été nommé.

À moins que vous ne sortiez tout droit d'un pays communiste sans contact avec le reste de l'humanité depuis des décennies, le portait-robot de la cause première que vous venez d'esquisser ressemble furieusement à celui de ce que se font les hommes d'un dieu. Certains athées, comme les franc-maçons, l'appellent prudemment le Grand Horloger, afin de ne pas heurter leur conviction, ou plutôt afin de ne pas changer de conviction.

Comme il ne semble pas y avoir de consensus humain, puisqu'il y a autant de dieux que de religions, voire de nom de non-dieux pour les non-religieux, je vous propose pour le moment d'appeler la cause première la *Cause*. On verra, par la suite, s'il est possible de trouver un nom plus pertinent.

Pourquoi la Cause a-t-elle créé l'univers ?

UNE QUESTION vient immédiatement à l'esprit dès que vous prenez un peu de recul. Pourquoi la Cause a-t-elle créé l'univers ?

Il a été démontré qu'elle possédait une conscience, donc qu'elle réfléchissait. Chez les êtres sensés, personne ne prend de décision à la légère. Il serait douteux qu'il puisse en être autrement pour la Cause, en raison de sa perfection. Elle a donc agi pour exprimer la finalité d'une réflexion aboutie. Elle ne s'est pas levée un matin en disant : « Tiens, je vais créer l'univers… » C'est donc un projet mûrement réfléchi, même si, pour un esprit supérieur, cela n'a pas dû lui prendre « beaucoup de temps ».

La Cause a donc créé le monde selon un plan préétabli. Il n'est pas possible, à ce stade, de connaître le contenu de ce plan, mais il est certain qu'il existe, du fait de la nature parfaite de la Cause.

La seconde question qui vient à l'esprit est de connaître comment elle a pu construire cet univers. Il est plus facile de répondre à cette question, même si la réponse peut faire grincer des dents à ceux qui voudraient une réponse basée sur les lois de la physique. La Cause est parfaite et unitaire : elle peut donc faire ce qu'elle veut « là » où elle « est ». Créer quelque chose qui n'existe pas ne lui pose pas de difficulté, car étant tout, elle peut tout. En particulier, elle est infinie, car, si elle était finie, elle pourrait être complétée par une cause plus grande qui la précéderait. Elle ne serait donc plus la Cause. Elle peut, par conséquent, prendre une partie d'elle-même pour créer autre chose, sans s'amputer de rien. Cela paraît insensé à nos esprits remplis de sciences physiques, car il ne naît rien du vide. C'est vrai... dans l'univers, celui qui est gouverné par les lois de la physique, lois qui ont été créées par la Cause. Les lois sont une conséquence et ne peuvent donc agir sur la cause qui les a engendrées. Il n'est donc pas possible d'utiliser la physique de l'univers pour décrire un processus qui n'est pas dans l'univers. De même, la boule de billard ne peut rien connaître des raisons qui ont poussé le bras à utiliser la cane qui l'a mise en mouvement.

Une dernière question vient enfin à l'esprit : quel type de monde la Cause a-t-elle créé ? En effet, il ne faut pas avoir fait Polytechnique pour se rendre compte que si, mécaniquement, l'univers tourne rond et tout seul, les seules créatures conscientes qui en font partie n'ont pas l'air de bien tourner : guerres, famines, tueries, déviances, *etc*. Il semblerait que l'humanité collectionne les imperfections à une cadence qui ferait pâlir d'envie une entreprise de production à la chaîne.

Est-il donc concevable que la Cause ait pu produire un monde avec des créatures aussi imparfaites ? Assurément non. La Cause étant infiniment bonne, elle est totalement dépourvue de mal et, par essence, ne peut produire de mal, puisqu'il n'existe aucune tare en elle. Il ne peut donc sortir que du bon de sa création. Et, comme la Cause est l'auteur de la création, tout est donc construit de manière parfaite, selon tous ses rapports, hommes compris.

Il est donc certain que la création a été réalisée de façon parfaite à l'origine. Mais il est tout aussi certain qu'il a dû se passer quelque chose dans l'intervalle, car le comportement de l'homme d'aujourd'hui prouve qu'un dysfonctionnement a eu lieu à un moment donné.

D'un autre côté, comme la Cause peut voir l'avenir, il est tout aussi certain qu'elle savait que cela se produirait. Cela entraîne donc immédiatement une autre question : comment un être infiniment bon peut tolérer qu'une imperfection s'installe sans agir pour la corriger ? « Quelqu'un » de parfait qui pourrait corriger une situation imparfaite d'un claquement de doigt, absolument sans effort, ne saurait rester sans rien faire et agirait promptement. Cela découle naturellement de la perfection qui chasse l'imperfection, pour que seule la perfection demeure.

En conclusion, la Cause a un plan dans la construction de l'univers. La Création a été créée parfaite, puis a déraillé à un moment donné. La Cause l'avait prévu et ne semble pas avoir apporté de correction à ce jour, du moins au moment où j'écris ces lignes.

L'intelligence parle à l'intelligence

S I LA CAUSE a créé l'univers, et, en particulier, les créatures qui l'habitent, elle a sans doute voulu en faire quelque chose de précis, selon le fameux plan qu'elle a choisi. Une autre question se pose alors : serait-il possible d'en connaître le contenu ?

Parmi toutes les créatures de l'univers, l'homme joue un rôle particulier, pour ne pas dire central. Il est à l'image de toutes les créatures animales, mais avec un petit plus, qui fait de lui un être à part et, n'ayons pas peur des mots, supérieur. Il a pour lui la conscience, cette intelligence qu'il met en œuvre pour dépasser sa simple survie existentielle, contrairement aux autres animaux. Il semble passer sa vie à se poser des questions aussi inutiles que futiles, à faire des abstractions, à tenter de comprendre le monde et le sens de son existence.

La Cause étant une intelligence parfaite, donc bien supérieure à l'homme, il serait tentant de penser qu'elle va entrer en contact avec l'homme. Pour quelles raisons cependant ? La plus évidente est que l'homme est la seule créature raisonnable de l'univers. La seconde est qu'il est difficilement imaginable pour la Cause de rester extérieure à la création qu'elle a construite. Quand bien même la création serait un jouet à ses yeux, elle voudrait jouer avec, comme tous les enfants. Les hommes seraient alors les « Playmobil » qu'elle s'amuserait à téléguider. Comme il n'y a manifestement pas de fils accrochés aux marionnettes humaines, elle doit donc entrer en contact à un moment ou à un autre pour communiquer. Pour jouer. Pour expliquer les règles du jeu. Ou bien pour donner les raisons qui l'ont poussée à créer l'univers, donc l'homme.

Rien ne dit cependant que ce contact ait déjà eu lieu. Cependant, la Cause ayant créé un univers parfait, et ce dernier ne l'étant plus, il y a une chance pour que ce contact ait déjà eu lieu puisque, manifestement, il y a eu divergence à un moment donné.

Des dieux à Dieu ?

LES CONTACTS avec des « puissances supérieures » sont légions dans l'histoire de l'humanité et il va donc être compliqué de les passer tous en revue.

Toutefois, vous avez quand même quelques billes pour effectuer un premier tri. Vous pouvez éliminer toutes les puissances matérielles, puisque la Cause est immatérielle. Il reste donc à passer en revue la pléthore de dieux et autres idées immatérielles qui sont apparues dans l'histoire des Hommes.

Vous pouvez aussi éliminer les civilisations non déistes, c'est-à-dire fondées sur le sentiment qu'il n'existe pas de cause supérieure et que seul l'homme est sa propre ressource. Ces civilisations tournent en rond, ne résolvant pas la question de l'œuf ou la poule.

Il faut maintenant jeter un œil à toutes les autres civilisations, ultra-majoritaires depuis la nuit des temps. La plupart ont un dieu pour chaque phénomène ou chaque qualité, comme les Égyptiens, les Grecs (et, de fait, les Romains qui ont romanisé les dieux grecs), les Incas, les Aztèques, *etc*. La Cause étant unique, il serait incroyable qu'elle se soit présentée au milieu d'une foultitude de « semblables ». Quel message aurait-il pu émerger d'une cacophonie divine aussi assourdissante ?

Il ne reste donc que les civilisations monothéistes.

L'avantage est qu'il n'y en a que trois, ce qui réduit drastiquement le champ d'étude : le judaïsme, le christianisme et l'islam. Mais comment faire le tri ? La Cause pourrait très bien être le dieu de chacune de ces religions...

Vous avez vu cependant que, si la Cause est unique, elle a une caractéristique particulière : elle est tricéphale par nature. Elle a une raison, une volonté et un moyen d'agir. Elle est donc unique, mais possède trois entités en elle. Or, seul le christianisme propose un dieu qui se présente officiellement sous trois formes, à savoir le Père (l'auteur de la Création), l'Esprit Saint (celui qui exprime la volonté du Père) et le Fils (celui qui agit selon la volonté du Père).

S'il y a donc un message que pourrait nous avoir dicté la Cause, ce serait celui porté par le christianisme.

Étudiez-le pour savoir si cela correspond à ce que vous connaissez désormais de la Cause. Tout d'abord, le christianisme et le judaïsme se confondent dans les origines. Il existe un texte commun, appelé la Genèse, qui explique de façon très imagée la Création du monde. Pour les chrétiens, le monde est donc bien créé, comme le suggère l'idée même de la Cause.

Il existe une explication de la raison de cette Création. La Cause exprime son envie de partager sa bonté. L'origine est donc la bonté, c'est-à-dire l'amour. Vous connaissez désormais le plan de la Cause : partager son amour.

Le monde a, de plus, été créé de façon parfaite. L'imperfection est arrivée en cours de route, par la faute des hommes. Cela correspond bien à vos déductions précédentes : la Cause n'avait pu créer qu'un monde parfait. Or, le monde actuel n'est pas parfait. Vous connaissez désormais la raison de cette imperfection. Ce serait l'homme qui en serait responsable.

Enfin, toujours selon le christianisme, la Cause essaie de réparer le malheur du monde. Son Fils se serait incarné pour apporter une solution. Voilà qui explique que la Cause, parfaite en elle-même, ne reste pas indifférente sans agir.

Il reste enfin à résoudre le problème suivant : pourquoi la Cause a-t-elle employé un moyen dont on ne perçoit toujours pas les effets deux mille ans plus tard, alors qu'il lui suffirait de claquer des doigts pour tout remettre d'aplomb ? La solution est encore apportée dans le christianisme. La Cause a doté l'homme de libre arbitre, lui laissant la capacité de choisir comment orienter l'avenir. La Cause s'est promis de ne pas interférer avec ce libre arbitre : elle se contente de suggérer le bon chemin. L'homme reste ainsi souverain de ses décisions. Voilà qui explique parfaitement que le monde continue de tourner de travers…

Il n'existe aucune autre religion permettant de faire coïncider avec autant d'exactitude ce que vous savez de la Cause et ce qu'en révèle le christianisme. La doctrine du christianisme est, de plus, très ancienne et basée sur le judaïsme, lui-même encore plus ancien. Les fondamentaux sont gelés depuis deux mille ans, voire davantage pour l'Ancien Testament, et il est impossible d'avoir créé une supercherie de la sorte sans connaître une bonne part de la physique actuelle, maîtrisée depuis peu par les hommes. Il est donc logique de conclure que le message contenu dans le christianisme est celui de la Cause, que c'est le moyen qu'elle a mis en œuvre pour contacter les hommes et leur donner ses raisons.

J'appellerai désormais la Cause *Dieu*, car c'est le nom qu'elle s'est donnée.

Des hommes eux aussi immatériels ?

CE N'EST PAS parce que vous avez apparemment trouvé la connexion entre Dieu et les hommes qu'il faut vous en arrêter là. Essayez de relier ce qui vient d'être établi à ce que vous connaissez de l'homme et de l'univers. Car si vous trouvez une contradiction, cela voudra dire qu'il y a un problème…

L'homme est doté d'une conscience qui le pousse à agir d'une certaine façon. Il distingue naturellement le bien du mal, en ce sens qu'intuitivement, il est capable d'analyser son comportement et de juger son action. Celle-ci sera jugée en bien tant qu'elle sera dirigée vers une bonne fin et en mauvais dans le cas contraire. L'étalon « bien » se réduit principalement à la qualité de la bonté. *Grosso modo*, tout ce qui concourt à augmenter la bonté sera donc considéré comme un bien et tout ce qui concourt à la diminuer sera considéré comme un mal. Ainsi, aider un voisin est considéré comme un bien, car l'action produit de la bonté supplémentaire (même si l'aide est intéressée, c'est l'action qui compte), car le voisin est aidé gratuitement. *A contrario*, voler quelqu'un est un mal, car c'est une attente à la bonté envers le volé (même si le voleur le mérite, étant lui-même un voleur par exemple).

Comment l'homme peut-il donc avoir une notion intuitive du bien et du mal ? D'aucuns voudraient que cette notion soit héritée de son éducation, mais comment ne pas constater que cette notion est partagée par l'humanité entière depuis la nuit des temps ? Si elle était héritée, cela voudrait dire que toutes les civilisations ont fait le même constat et enseignent la même chose... ce qui revient à se demander : d'où vient ce constat ? Une solution assez évidente voudrait que cette notion vienne directement de Dieu. Chaque homme recevrait donc ce message directement. Mais comment ? Dieu est immatériel et l'homme, matériel. Surtout, l'homme ne possède que des sens étudiés pour communiquer avec les choses matérielles : il sent une odeur, voit une image, touche des objets, entend des sons et communique avec des paroles qui se traduisent en sons. Comment communiquer avec un Dieu dépourvu des organes de communication de l'homme?

La réponse est triviale : il suffit que l'homme se dote des mêmes moyens que Dieu, à savoir une interface immatérielle. Le contraire est impossible, car si Dieu se dote d'une interface matérielle, il abandonne son unicité immatérielle. C'est donc à l'homme de s'adapter. Mais est-ce possible? Et cette interface existe-t-elle?

Par définition, il est impossible d'aller chercher une preuve dans la physique, puisque la physique ne s'occupe que du matériel. Il faut donc chercher dans la Révélation du christianisme, pour espérer avoir une réponse puisque, si cette interface existe, Dieu aura forcément tôt fait d'en parler.

Justement, cela tombe bien, car il en parle. Dieu affirme que l'homme est dual, d'un côté son corps, tout à fait matériel et conçu pour interagir avec le monde et, d'un autre côté, son âme, une partie immatérielle, à l'image de Dieu. L'un et l'autre seraient indissociables. Dieu parlerait ainsi aux hommes via leur âme.

À ce stade, vous vous retrouvez dans une impasse. Soit vous croyez à l'existence de l'âme, soit vous devez trouver un autre moyen pour expliquer pourquoi tous les hommes ont, de façon innée, cette capacité du bien et du mal, cette faculté de raisonner et d'avoir conscience d'eux-mêmes. Pour le moment, aucun scientifique n'a apporté ne serait-ce que le début d'un commencement de réponse à cette question. Et, pour être honnête, aucun scientifique n'oserait parier qu'un jour il sera possible d'y arriver, tant les phénomènes impliqués relèvent d'une complexité inimaginable. À côté, la physique semble une comptine enfantine...

En l'absence de solution crédible, et parce que l'existence de l'âme répond en tout point à la problématique évoquée, il n'est pas déraisonnable de parier sur son existence. Partez du principe qu'elle existe aussi, comme vous avez accepté d'autres principes, tel celui de l'existence de l'entropie.

La fin dernière
comme dernière chance ?

CONTINUEZ à vous interroger sur l'homme. Il n'a de cesse, depuis la nuit des temps, de chercher la réponse à la question suivante : d'où viens-je ? Aussitôt d'ailleurs lui viennent les questions existentielles : où vais-je ? Dans quel but vis-je ? La plupart des hommes tentent de trouver une réponse dans une quête effrénée du bonheur. Le bonheur est un état de félicité permanent, que ressent l'homme quand il est totalement comblé. Or, le moins que l'on puisse dire est que l'homme n'a jamais atteint cet état, quels que soient les moyens qu'il ait pu mettre en œuvre pour y parvenir. Quelques milliers d'années de témoignages humains nous confirment cette évidence : le bonheur sur Terre semble une utopie, un rêve inaccessible. Ainsi, soit il manque toujours quelque chose à l'objet convoité – et l'objet de la quête devient une fuite en avant, comme l'or, le pouvoir ou le sexe

– soit la possession de l'objet ne comble en rien les espoirs de bonheur sur lesquels étaient fondés cette quête. Toute quête matérielle semble ainsi vouée à l'échec, selon la même démarche qui a conduit au second principe de la thermodynamique : tout le monde peut faire ce constat. Donc, si la quête d'un objet matériel ne peut apporter le bonheur, peut-être faut-il déplacer l'objet de cette quête vers l'immatérialité ? Or, le seul objet immatériel connu à ce stade est Dieu, âme mise à part. Mais si l'âme pouvait apporter le bonheur, l'homme se suffirait à lui-même, ce qui n'est manifestement pas le cas.

Il ne pourrait donc y avoir de bonheur qu'en Dieu ?

Que nous dit Dieu dans sa Révélation ? Qu'il a créé l'homme pour que ce dernier soit auprès de lui. Comme il est la bonté parfaite, être auprès de lui procure nécessairement une félicité absolue. La quête de l'homme trouve donc un écho d'autant plus fort qu'il est manifestement aujourd'hui éloigné de Dieu. L'homme recherche un absolu qu'il ne pourra trouver qu'auprès de Dieu. Aucun bien terrestre ne saurait donc combler ce vide, puisque les biens sont finis, imparfaits, et que Dieu seul peut donner un amour vraiment infini. Cela explique bien le comportement inné de l'homme – sa quête inaccessible du bonheur – et surtout éclaire un nouvel aspect de cette quête. Dieu semble donc la mettre en chacun des hommes. Il affirme ainsi guider les hommes vers lui. Si l'homme cherche un absolu, il ne peut le trouver qu'en Dieu. Si Dieu place en l'homme une quête d'absolu, c'est donc pour attirer l'homme à lui.

Tout cela est cohérent. Le rôle de l'âme s'en trouve renforcé : elle ressemble bien au canal principal de communication entre Dieu et les hommes. Dieu suggère, et l'homme décide en autonomie, sans pouvoir éviter d'entendre ce que lui suggère Dieu.

Si Dieu souhaite que l'homme soit auprès de lui et, comme ce n'est pas le cas sur Terre, cela sous-entend que l'homme ne peut être auprès de Dieu qu'après son passage sur Terre. Il sera donc avec Dieu après sa mort. Or, le corps dépérit après la mort. L'homme ne peut donc être auprès de Dieu qu'avec son âme. À cette fin, l'âme doit survivre au corps. L'âme étant immatérielle, elle n'a pas de raison de connaître la corruption de la matière, qui est une conséquence du temps. L'âme ne subira plus la contrainte du temps, car elle vivra auprès de Dieu qui en est lui-même exempté. L'âme de l'homme devra donc vivre éternellement. Elle vivra alors auprès de la bonté parfaite et recevra donc un amour parfait, gage de la félicité absolue. L'âme vivra un bonheur parfait éternellement. L'objectif affirmé par Dieu sera ainsi rempli.

La finalité de l'homme est donc que son âme vive éternellement le bonheur d'être auprès de Dieu. C'est sa fin dernière. Pour répondre à sa quête de bonheur terrestre, l'homme n'aura qu'à se pencher sur sa fin dernière : si son âme rejoint Dieu après sa mort, il aura gagné. Sinon, que se passera-t-il ? Pour le moment, il n'est pas possible de le savoir...

Ô temps, suspends ton vol...

Il EST NÉCESSAIRE de faire un petit point intermédiaire, tant vous avez été assailli de nouvelles informations jusqu'à présent. Parfois, il est bon de s'arrêter pour souffler un peu !

De la suite des causes qui ont permis au monde que vous connaissez d'exister, il a été établi l'existence d'une cause première, toute-puissante, qui existe éternellement et depuis toujours, sans défaut, et qui possède toutes les qualités dans leur forme parfaite. Cette cause première raisonne et a intentionnellement créé la Création à l'aide d'un plan déterminé. Cette cause est unique, mais intrinsèquement trinitaire, et la seule entité qui corresponde à cette description dans son entièreté est le Dieu du christianisme.

Dieu a révélé aux hommes, par l'intermédiaire de la religion chrétienne, non seulement son existence, mais aussi son plan : il a créé l'homme pour qu'il soit auprès de lui, afin de vivre le bonheur parfait. Dieu étant l'amour parfait, il peut donc tout à fait donner un amour parfait et quiconque reçoit cet amour vit la félicité absolue.

Dieu a d'abord créé le monde de façon parfaite, car il ne peut créer quelque chose d'imparfait. Mais le monde est devenu imparfait à cause des hommes. Dieu a en effet doté chaque homme de libre arbitre afin chacun puisse prendre des décisions sans contraintes. Dieu suggère seulement aux hommes de venir à lui, et l'homme répond ou non à sa demande. Le fait que l'homme se soit volontairement éloigné de Dieu a rendu le monde tel qu'il est aujourd'hui : très imparfait et presque invivable pour l'homme lui-même.

Enfin, Dieu a créé le corps de l'homme pour qu'il s'interface avec le monde matériel, mais il l'a aussi doté d'une interface immatérielle, son âme, afin de pouvoir communiquer avec lui. Par ce canal de communication, Dieu ne fait que suggérer, sans s'imposer, sinon il forcerait l'homme contre son libre arbitre. Ainsi, chaque homme reçoit les suggestions de Dieu, comme son appel vers lui, qui se traduit concrètement par la quête du bonheur sur Terre. L'homme décide alors d'en tenir compte... ou pas.

À partir d'ici, comme il est d'usage, je mettrais une majuscule non seulement à Dieu, mais aussi à chaque fois qu'il sera nécessaire de Le nommer.

La séparation d'avec Dieu était inévitable

IL SERAIT intéressant de comparer désormais ce que vous connaissez de l'homme avec ce qu'en dit la Révélation. La raison veut que cela soit parfaitement en phase. Si jamais vous trouviez un point qui ne l'est pas, alors ce serait, comme pour les physiciens, l'occasion de mettre en doute ce qui a été trouvé précédemment.

La Révélation donne à la fois beaucoup d'informations et peu d'explications. Voyons comment il est possible de faire le tri. Il vous manque, à ce stade, l'importante information suivante : pourquoi l'homme a-t-il rompu la relation parfaite qu'il entretenait avec Dieu ? La première réponse, que vous avez déjà extraite de la Révélation, mais qui est en tout point conforme avec la réalité, est que l'homme dispose du libre arbitre. Il est donc autonome dans la prise de ses décisions et peut ainsi unilatéralement décider de rompre ses relations avec Dieu, sans que ce Dernier n'ait besoin d'être d'accord. Si cela apporte une explication du comment, cela n'explique pas le pourquoi. En effet, si l'homme vivait une relation avec Dieu, elle était évidemment parfaite. Dieu étant la perfection et à l'origine de la relation, Il ne saurait avoir créé une relation médiocre avec sa créature. Dès lors, l'homme était assurément pleinement satisfait, car il vivait déjà la félicité « éternelle ». Il vivait dans un monde parfait, assuré de la source de son bonheur. Il n'avait donc aucun intérêt à la rompre. Alors, que s'est-il passé ?

Encore une fois, la Révélation nous apporte un élément d'explication : « quelqu'un » a suggéré à l'homme de le faire. Celui-ci a donc été séduit par l'idée de vivre autrement que dans l'état de félicité éternelle. En quelque sorte, il a voulu éprouver ce qu'était cet autre état. Comme il disposait de son libre arbitre, il a pu essayer de son propre chef. Cela paraît difficile à croire, quand vous constatez la difficulté de vivre dans le monde actuel, mais sans doute est-ce là le plus grand défaut de l'homme. N'ayant pas la pré-science de Dieu qui lui permet de lire dans l'avenir comme dans un livre ouvert, l'homme n'a sans doute pas mesuré ce qu'il a fait en « voulant essayer ». La tentation sans la connaissance l'a conduit à sa perte. Tout homme moderne, à l'aune de sa propre expérience, se garderait bien de quitter la douceur de la félicité éternelle pour replonger dans sa condition actuelle.

Quand vous mesurez le gâchis du monde, il est sans doute naturel d'éprouver un immense ressentiment envers l'homme qui a pris cette décision. Mais ce serait sans doute faire preuve d'un orgueil assez mal placé. Et si vous aviez été à sa place, qu'auriez-vous fait ? Êtes-vous si supérieur à cet homme que vous oseriez soutenir que vous n'auriez pas agi pareillement ? Quand bien même ce serait le cas, il aurait toujours existé un homme pour succomber à cette tentation, aiguisée par la curiosité de savoir : « comment est-ce de l'autre côté ? » De fait, cette décision est donc inhérente et inéluctable avec le fait de posséder un libre arbitre. Si vous pouvez choisir, vous devez toujours trancher. Il arrive forcément un moment où vous souhaiterez explorer les deux possibilités. Le fait que l'homme quitte de son propre chef la félicité éternelle, même si cela paraît inconcevable aujourd'hui, était donc inévitable.

80

Dieu savait également cela en créant l'homme, puisqu'Il sait tout. S'Il a créé l'homme pour l'avoir auprès de Lui par bonté, Il savait aussi que l'homme essaierait, malgré tout, une alternative sans Lui. Sa bonté ne peut pas supporter que l'homme s'éloigne de Lui, car Il sait que la seule façon pour l'homme d'être vraiment heureux est qu'il soit auprès de Lui. Il a donc prévu quelque chose pour pallier cette éventualité. Mais avant de développer ce point, il vous faut éclaircir une question laissée en suspens : qui est ce « quelqu'un a qui a aiguisé la curiosité de l'homme de façon à le tenter ? »

Un monde immatériel

Revenez un peu en arrière, au moment où l'homme a été tenté par une autre relation que celle qu'il entretenait avec Dieu. Pour qu'il soit tenté, il faut que l'idée germe dans l'esprit. Or, dans le monde parfait de la Création d'avant, rien ne prédispose l'homme à cette idée. Puisque tout est issu de Dieu, ce Dernier, dans Sa perfection, ne peut laisser transparaître la moindre anomalie. Or, quitter la félicité qui résulte de la relation entre l'homme et Dieu est une anomalie, Dieu ayant créé l'homme à cette fin.

Alors, comment est-ce possible ? La Révélation nous apprend qu'un tiers est intervenu à cette fin. Cela semble logique et répond à la problématique précédente. Il existerait donc un tiers, étranger à cette Création parfaite, puisque capable d'inspirer des idées contraires à la perfection de la Création.

La Révélation vous apprend effectivement que la Création ne se réduit pas à l'univers que vous connaissez. Il existe aussi un monde immatériel, créé par Dieu. Bien entendu, ce monde vous est *a priori* inaccessible puisqu'il n'est pas régi par la physique de votre univers. Mais vous êtes bien obligé de croire ce qu'en dit la Révélation parce que, jusqu'à présent, son contenu est en tout point conforme avec l'expérience humaine. Elle apporte ici un éclairage crédible à une explication apparemment insoluble : « comment l'homme peut-il être tenté sans que Dieu ne renie sa nature ? »

Vous trouvez malheureusement assez peu d'informations sur ce monde invisible dans la Révélation, à part le fait qu'il existe et se compose d'une myriade de créatures immatérielles. Mais la raison peut vous aider à les cerner avec plus de précision.

Étant immatérielles, ces créatures sont de la même essence que Dieu et votre âme. Elles sont donc, par nature, éternelles. Créées sans corps matériel, elles ne dépendent pas du temps. Elles ont probablement été créées avant l'univers ou, pour le moins, vivent auprès de Dieu sans subir les affres du temps. Elles ne subissent pas non plus les contraintes du monde matériel, avec ses lois physiques contraignantes. D'un point de vue humain, elles possèdent sans nul doute des « super-pouvoirs », c'est-à-dire des capacités violant les lois de la physique qui gèrent le monde matériel, comme pouvoir se déplacer instantanément d'un endroit à l'autre, sans effort.

Dieu affirme les avoir créées dans le même but que l'homme : afin de les aimer et qu'elles L'aiment en retour. Pour aimer, il faut une conscience : désirer l'objet, avoir la volonté d'aller vers l'objet désiré et prodiguer de l'amour. Ces créatures sont donc conscientes et intelligentes. Comme elles sont immatérielles, de même essence que Dieu et créées par Dieu, elles sont, forcément, parfaites aussi.

Pourtant, c'est l'une de ces créatures qui a tenté l'homme. Elle n'était pas parfaite, sinon l'idée de le tenter ne lui aurait pas traversé l'esprit. Il existe donc des créatures immatérielles imparfaites, ce qui est impossible, car Dieu ne peut créer qu'une créature parfaite.

Alors, comment est-ce possible ? Cela le devient si la créature participe de son plein gré à son choix de fin dernière. La fin dernière de cette créature est la même que celle de l'homme : vivre la félicité éternelle auprès de la Source Éternelle de l'amour. Dieu a donc forcément donné à cette créature le choix de son avenir. Cela semble logique : si Dieu ne lui avait pas laissé le choix, Il aurait créé des marionnettes, des robots, qui n'auraient pu L'aimer que mécaniquement. En créant des créatures raisonnables et intelligentes, Il leur demande de faire un engagement de raison et de cœur : « Veux-tu vivre auprès de Moi ? » La créature qui possède son libre arbitre peut ainsi choisir.

Il se pose toutefois un problème : la prise de décision ne peut se faire qu'une fois. En effet, la créature étant parfaite, elle ne peut pas évoluer au cours de son existence. Donc, soit elle vit auprès de Dieu tout de suite, soit elle n'y vit pas. C'est donc à sa naissance – lors de sa création – que cette créature fait son choix : être ou ne pas être auprès de Dieu.

Le fait de refuser d'être auprès de Dieu a quelques implications. Ne bénéficiant plus de la Source Éternelle de l'amour comme moteur de son existence, les créatures qui s'éloignent de Dieu perdent en perfection. Comme la nature immatérielle de l'être ne peut être changée, par définition, seules ses qualités évoluent : elles deviennent dépourvues de leur perfection, synonyme de la présence divine. Ces êtres gardent donc toute la puissance de leur nature, mais sont dotés de qualités qui s'apparentent au mal sur la Terre.

Il est donc logique que l'une de ces créatures ait pu tenter l'homme.

Le poids de la liberté

SE POSE ALORS le problème suivant : pourquoi Dieu a-t-il laissé cette créature tenter l'homme ? En effet, la destinée de l'homme étant la félicité éternelle, et l'homme la vivant déjà au début de la Création, pourquoi Dieu ne l'a-t-il pas entouré d'un cocon protecteur ? Après tout, quel parent ne fait-il pas de même pour ses enfants, les entourant d'un amour protecteur pour leur éviter la chute ?

Si vous analysez la différence entre les créatures du monde immatériel – appelées *anges* dans la Révélation, pour celles qui restent auprès de Dieu, et *démons* pour les autres, il en existe une fondamentale, hormis le corps matériel. Les anges possèdent quelque chose en moins que les hommes, de par leur nature : ils n'ont accédé à la demande de Dieu qu'une seule fois. « Veux-tu Me suivre ? » La réponse a engendré leur situation actuelle, sans qu'il y ait eu de possibilité de corriger le tir *a posteriori*. Ainsi, la créature est devenue ange (ou démon) pour l'éternité.

Si vous vous placez du point de vue de Dieu, ce choix, sans doute fort plaisant du côté des anges et fort déplaisant du côté des démons, est limitant. Ce qui est beau dans l'amour, c'est le don. Ici, le don est pratiqué une seule fois (au moins pour les anges). Le reste découle de la nature de l'ange : sa présence est acte d'amour, mais il est impossible qu'il en soit autrement. Cela n'enlève rien au mérite de l'ange qui a choisi de vivre auprès de Dieu.

De plus, il n'y a pas plus grand bonheur que de donner et de recevoir. Le don répété doit, d'une certaine façon, apporter un supplément à Dieu (d'une certaine façon, car, étant parfait, Il n'a besoin de rien pour être comblé, mais s'Il a élaboré ce concept, c'est qu'Il y trouve une satisfaction).

Il est donc permis de penser que le choix de créer l'homme relève, pour Dieu, d'une ambition beaucoup plus grande : partager ce don plusieurs fois. Si l'essence de l'homme devenait parfaite quand il choisit de s'engager auprès de Dieu, il ne pourrait ensuite changer d'avis, la perfection de son essence étant définitivement acquise : son don ne pourrait alors plus être renouvelé. Ainsi, Dieu peut avoir à Ses côtés une créature qui s'engage auprès de Lui de façon renouvelée à la seule condition que sa nature ne soit pas parfaite.

Or, si l'homme avait été créé à l'image des anges, il n'aurait pu renouveler son don. Il fallait donc créer quelque chose de nouveau, différent par nature, qui permît d'autoriser le renouvellement du don. Il fallait donc que l'avenir ne soit plus clairement défini, que chaque acte engendre des conséquences différentes selon les choix possibles. La création du temps est donc nécessaire à cette liberté. Pour avoir la liberté de choix, il faut pouvoir avoir des avenirs dépendant uniquement des conséquences du choix. De même, la parfaite nature immatérielle ne convient plus à cet être libre, car le choix de vivre auprès de Dieu le condamne à la perfection, sans retour possible. L'être doté du libre arbitre ne peut endosser une nature seulement immatérielle : il lui faut un autre habit, qui lui permette de faire des allers-retours entre ses choix. C'est la raison de la Création matérielle : l'homme habite un monde qui est modulable et modulé par ses choix.

Voilà qui vous arrange bien, finalement. En effet, vous trouvez là non seulement une explication logique à la dualité de l'âme et du corps dans l'homme, mais aussi à la création de l'univers matériel dans son ensemble. Ils n'existent que pour laisser à l'homme la possibilité d'exercer pleinement sa liberté. Le Dieu qui se dessine semble avoir mis les moyens pour interférer le moins possible avec le processus qui permet à l'homme d'atteindre le Graal du bonheur. Vous êtes loin, très loin de l'image d'un Dieu dirigiste, sans cœur ou indifférent. Quand on met autant de réserve à ne pas s'imposer, c'est le signe de la délicatesse absolue : mais Dieu ne possède-t-Il pas en plein toutes les qualités ?

En tout cas, cela fait réfléchir : savoir que l'univers entier a été créé simplement pour que nous puissions tranquillement exercer notre liberté laisse pour le moins songeur !

Des conséquences du libre arbitre

IL PEUT paraître étrange, voire paradoxal, que Dieu ait autorisé une mauvaise créature à influencer l'homme. Pour les mêmes raisons que des parents entourent de mille précautions leur enfant, Dieu n'a aucune raison d'ouvrir la boîte de Pandore, susceptible de conduire l'homme à s'éloigner de Lui. Leur relation étant parfaite et étant ce qui convient le mieux à l'homme, quel intérêt aurait-Il à influencer l'homme – même indirectement – pour que celui-ci ait l'envie ou même l'idée de s'éloigner ?

Cela paraît n'avoir aucun sens, surtout venant de quelqu'un de parfait.

Pour comprendre ce qu'il s'est passé, il faut découvrir à quoi correspond la qualité de libre arbitre de l'homme. Qu'est-ce donc cette capacité, si ce n'est la possibilité de choisir – donc de trancher – entre deux options ? Un libre arbitre qui ne s'exerce pas n'est pas un libre arbitre. Imaginez que vous soyez riche et doté d'un compte bancaire au montant illimité. Vous possédez une carte bancaire et votre banquier vous empêche de prélever votre argent. Vous n'êtes pas riche en réalité, puisque vous ne pouvez pas exercer à loisir votre droit de dépenser votre argent. Le libre arbitre est semblable. S'il n'est pas possible de l'utiliser, en pouvant faire des choix entre plusieurs options, son existence est purement théorique.

Donc, si Dieu a doté l'homme de libre arbitre, Il doit en conséquence lui laisser la liberté de l'exercer, sinon le don de libre arbitre est purement théorique. Et Dieu, dans Sa perfection, ne peut proposer une qualité imparfaite. Ce don L'oblige donc à présenter aussi aux hommes les choix qui leur permettent de l'exercer.

Vous comprenez ainsi pourquoi Dieu a utilisé une créature non parfaite, le démon, afin de servir la liberté de l'homme. Il ne peut, de Lui-même, présenter à l'homme une option qui lui ferait objectivement du mal, étant la bonté parfaite. Mais, en lui donnant le libre arbitre, Il se doit aussi de lui proposer des choix qui lui permettent de l'exercer. L'adjonction d'un tiers non parfait est donc une nécessité du don de libre arbitre.

Des conséquences matérielles de l'éloignement de Dieu

SI L'HOMME endosse une nature matérielle pour pouvoir exercer son libre arbitre, c'est donc que ses choix peuvent avoir une conséquence sur la Création matérielle. Or, il est évident que l'homme et la Création actuels ne sont pas parfaits comme ils l'étaient à l'origine. L'homme a donc engagé un choix qui a, un jour, transformé la Création. Mais quel est-il ?

Encore une fois, la Révélation vient à votre secours. Il est écrit que l'homme a un jour fait le même choix que les démons : s'éloigner de Dieu. Ce faisant, il a rompu la relation parfaite établie auparavant. Qu'est-ce que rompre la perfection si ce n'est y introduire des défauts ? Or, quelle est la qualité principale de la perfection, si ce n'est sa nature éternelle ? Le premier défaut introduit donc une rupture dans l'éternité, ce qui est une autre façon de présenter… la mort ! L'apparition de la mort est donc une conséquence de la rupture du lien parfait avec Dieu.

Il existe des sous-conséquences directes. Il y a en effet plusieurs manières de mourir. La plus naturelle est la dégradation progressive des cellules organiques jusqu'à leur arrêt définitif. C'est la vieillesse. Un autre moyen consiste à les attaquer plus brutalement, en accélérant le processus de fin : c'est la maladie. La mort nécessite donc l'apparition de nouveaux maux, comme la vieillesse et la maladie. D'autre part, qui dit dégradation dit apparition de symptômes nouveaux, comme la rupture du bien-être, qui est le pendant de l'équilibre parfait. La souffrance fait donc naturellement son apparition.

Enfin, la distanciation de Dieu éloigne l'homme de l'amour parfait. Il s'ensuit que les qualités qui dépendaient de la bonté parfaite s'en trouvent amoindries, voire totalement perverties : ainsi, la méchanceté, la jalousie, l'aigreur et l'envie font leur apparition. De même, le jugement qui était aligné sur celui de Dieu se trouve faussé : l'injustice, la perversion et l'inversion des valeurs font aussi leur apparition.

Le monde actuel correspond tout à fait aux descriptions précédentes. Le mal sur Terre est bien venu de l'homme et non de Dieu, même si ce dernier l'a clairement autorisé. C'est en raison du cahier des charges qu'Il avait établi en créant l'homme – lui laisser un total libre arbitre – que la Création a pu être marquée par le mal.

Quand vous réfléchissez à cette dernière phrase, elle peut sembler paradoxale : Dieu a donné par amour le libre arbitre à l'homme, ce qui a engendré la diffusion du mal, exact opposé de l'amour, sur toute la Création. Ce serait paradoxal – et embêtant pour un être parfait, vu que le paradoxe est le symbole d'une imperfection – si et seulement si Dieu n'y apportait pas de correction. Or, Il a envoyé son Fils pour y remédier. Donc le paradoxe n'est qu'apparent. Encore une fois, tout semble s'emboîter de façon parfaitement logique.

Des conséquences
de l'existence de l'âme

L'EXISTENCE DE L'ÂME, comme canal de communication de Dieu vers l'homme, a été établie. Dieu distillerait en permanence à l'homme la quête du bonheur, moyen discret de le conduire vers Lui.

Dieu ne semble pas opposé au fait de discuter avec l'homme. S'Il se fait discret, Il ne prétend pas rester caché. Au contraire, Il demande à ce que l'homme Lui parle. Comme il semble compliqué de parler à un être immatériel dépourvu des moyens humains de communication, cela doit forcément passer par le moyen immatériel mis à disposition de l'homme. Il n'y a que l'âme qui corresponde à cette description. Elle est donc un canal bidirectionnel : l'homme peut parler à Dieu.

Pourtant, rares sont les hommes qui ont prétendu avoir réellement entendu Dieu leur répondre. Dans l'immense majorité des cas, l'homme

« qui parle à Dieu » monologue : il parle tout seul. Alors, pourquoi Dieu prétend-Il que vous pouvez Lui parler ?

Encore une fois, vous devez revenir aux conséquences de l'éloignement de Dieu. Prenez une analogie matérielle, avec toutes les limites qu'elle peut avoir. Quand vous parlez à quelqu'un, la portée de votre voix dépend de la distance qui vous sépare de lui. Il arrive un moment où la communication se coupe, la voix n'ayant plus assez de puissance pour atteindre votre interlocuteur. Ce dernier a beau tendre l'oreille, il n'entend plus rien. Il en va de même pour la communication de l'âme : vous avez beau tendre « l'oreille », elle n'entend rien. Vous êtes « trop loin ». Bien entendu, Dieu n'est pas gêné par la distance, car l'éloignement ne limite que les personnes matérielles.

Quoi qu'il en soit, la communication n'est pas aisée et le fait que Dieu puisse vous entendre quand vous Lui parlez relève alors de la foi. Puisque tout ce qu'Il a dit a jusqu'à présent été réalisé et se révèle, il faut aussi Le croire pour l'invisible, qui ne peut être prouvé avec les lois physiques.

D'autre part, l'âme semble avoir un rôle plus

important qu'un bête canal de communication. L'homme est doté d'une conscience, qualité unique chez les créatures de la Création. Si la conscience est le propre de l'homme et l'âme également, il n'est pas déraisonnable de faire de l'âme le siège de la conscience. Cela est confirmé par une inter-action permanente entre la conscience et les messages de Dieu. Pourtant, il est prouvé que la réflexion humaine agite principalement le cerveau : celui-ci serait-il le siège de l'âme, ou bien l'âme n'existerait-elle pas, si le cerveau était en réalité l'organe matériel adéquat pour communiquer avec Dieu?

Ces questions posent le problème de l'interaction de l'âme avec le corps. Comment s'effectue-t-elle? En réalité, personne ne le sait et Dieu Lui-même n'évoque rien. L'âme serait unique, donc propre à chaque personne, et le berceau des talents que possède tout un chacun. Ce serait... tout. Sauf qu'il manque le plus important : l'âme serait aussi le souffle de la vie. Si l'âme était le souffle de la vie, alors toute créature devrait en avoir une. Ainsi, de la pierre inerte à la vie biologique la plus avancée, Dieu dote tout d'une âme, comme Il l'a fait pour l'homme. Mais, hormis celle de l'homme, les âmes n'ont pas de conscience et sont donc plus limitées. Elles ne leur servent qu'à insuffler la vie, quel que soit son degré de primitivité. Elles ne jouent sans doute pas le rôle de canal de communication, vu que ces créatures n'ont pas besoin d'interagir avec Dieu, n'ayant pas de nécessité d'exprimer une liberté de choix pour vivre, étant prisonnières de leur état. Que deviennent ces âmes après la mort de leurs hôtes matériels ? Dieu seul le sait. Peut-être a-t-Il imaginé quelque chose pour elles ? En tout cas, Il n'en révèle rien.

Si l'âme insuffle la vie dans le corps de l'homme, seul le moment où l'âme quitte le corps avec lequel elle est liée doit être le marqueur de la mort. La médecine humaine a ses propres marqueurs, qui dépendent beaucoup… de ce que la médecine espère du corps *post mortem*. Par exemple, lorsqu'elle veut récupérer des organes après la « mort », elle décrète la mort en l'absence d'activité cérébrale, donc quand le cerveau est « mort », c'est-à-dire sans signes visibles d'impulsions électriques pendant un certain temps. Mais est-ce vraiment la mort humaine ? Selon le principe de l'existence de l'âme, la mort ne peut arriver que lorsque l'âme quitte le corps. Comment savoir qu'elle l'a réellement quitté ? En toute logique, si l'âme insuffle la vie, quand elle part, la vie n'est plus insufflée. Chaque cellule du corps arrête alors de fonctionner. Le signe clinique est la destruction progressive des cellules. Chacune d'entre elles cesse définitivement de jouer son rôle et se détériore. L'ensemble marque d'abord l'arrêt de toutes les fonctions visibles (respiration, ventilation, circulation), puis la rigidité cadavérique et enfin la décomposition du corps. Aucun témoignage d'un corps ayant atteint la rigidité cadavérique n'a jamais rapporté la résurrection de ce corps – hormis un unique témoignage dans l'Évangile, sous l'action du Fils de Dieu. Il est d'ailleurs « malin » de la part de Dieu d'avoir pris un exemple frappant comme le cas de Lazare. En effet, si le corps n'avait pas été en état de décomposition – qui est l'étape suivant la rigidité –, les adversaires du Fils de Dieu auraient eu beau jeu d'affirmer que Lazare n'était pas vraiment mort. En effet, un noyé peut très bien arrêter de ventiler, voire de circuler, puis « repartir » ensuite. Dès lors, il est clair, selon cette logique, qu'un cerveau en activité cérébrale « à zéro » ne produit plus de signal électrique, mais continue de fonctionner biologiquement : il ne se dégrade pas et le corps continue de vivre. Prélever un organe sur un tel corps implique donc de prélever un organe sur un corps dont l'âme est encore présente : il est donc toujours en vie.

Comment l'âme insuffle-t-elle la vie dans le corps ? C'est un grand mystère. Dieu dit que c'est Lui qui place l'âme en chaque homme et donne la vie. Là encore, rien n'empêche de Le croire, puisque cette affirmation ne vient pas perturber la logique d'ensemble, mais la renforce au contraire, puisqu'elle apporte une réponse logique à un problème qui n'en a apparemment pas. En conséquence, si la vie est donnée et ordonnée par Dieu, quelle est l'implication pour l'homme ?

Si l'homme reçoit la vie de Dieu, Dieu est le père ou la mère de l'homme. Dieu utilise un moyen terrestre pour le corps matériel – les parents biologiques – et un moyen immatériel pour l'âme, Lui-même. Mais comme l'âme est le véritable souffle de la vie qui anime le matériel, alors Dieu est le véritable géniteur. En Se présentant comme

Père, Dieu traduit donc cette réalité évidente de la Création : il est le Père de toutes les âmes. Chaque homme est donc fils de Dieu. Notez que Dieu a choisi le terme de père et non celui de mère : le père est toujours considéré comme le géniteur et la mère comme le récepteur.

Une conséquence est que le fils doit reconnaître la volonté de son Père et y obéir. En effet, la volonté de Dieu est de retrouver Ses fils après leur mort, afin qu'ils vivent de toute éternité la félicité parfaite auprès de Lui. Elle est exprimée par le Père lors de la Création de l'homme puis, plus tard, répétée dans le Décalogue où il est explicité que les enfants doivent respect et obéissance aux parents. L'homme ne peut donc contrarier le don de la vie qu'il a reçu sans contrarier la volonté du Père. Il s'ensuit que la vie est sacrée et que nul ne peut ôter la vie sans que le Père n'y consente formellement. L'homme ne peut donc ni tuer ses semblables ni se tuer lui-même, sans contrevenir gravement à la volonté du Père.

Le libre arbitre contre la volonté de Dieu

QUE SE PASSE-T-IL alors lorsque l'homme exprime son libre arbitre contre la volonté explicite de Dieu ? Vous vous êtes déjà rendu compte d'une première conséquence, particulièrement visible autour de vous : vous vivez dans un monde de fous, dirigées principalement par des personnes pour le moins mal intentionnées. Le monde va donc mal, très mal.

Mais qu'en est-il de l'homme en tant qu'individu ? La perfection de Dieu Lui fait posséder en perfection la justice, qui est une conséquence de Sa bonté parfaite. En effet, une action réalisée en toute bonté est remplie de justice. Il ne pourrait y avoir de bon là où il existerait de l'injustice. La justice n'est donc pas dissociable de la bonté.

Aimer quelqu'un, c'est donc agir en tout lieu et à tout moment en complète justice avec l'être aimé. Puisque Dieu aime l'homme et que Dieu est la bonté parfaite, Il agit donc en toute justice avec l'homme. Or, que se passe-t-il pour l'homme qui, exerçant son libre arbitre, décide de s'éloigner de l'amour de Dieu? Dieu, en toute justice, ne pourrait lui faire l'injustice de l'obliger à réviser son jugement. En effet, l'homme étant libre, et Dieu épris d'amour pour l'homme et l'ayant créé libre, Il agirait en toute injustice en contrariant le libre arbitre de l'homme. Dieu ne peut donc que respecter le choix de l'homme. Un homme se coupant de Dieu se coupera donc de Dieu sur l'instant, mais aussi après sa mort. Bien que Michel Polnareff chantât en 1972 *Nous irons tous au Paradis*, rien n'est hélas plus faux, sinon cela sous-entendrait que Dieu est injuste et fait le bonheur des hommes contre leur volonté, en faisant d'eux de simples marionnettes.

Pourtant, il est tout aussi raisonnable d'objecter que Dieu est l'amour parfait et que l'amour pardonne tout. Ce serait complètement absurde de prétendre le contraire : l'amour parfait embrasse totalement la compassion et la miséricorde, qualités nécessaires au pardon. Dieu est donc capable de pardonner tous les égarements, y compris lorsque l'homme rompt de son propre chef le lien qui les unit. Son amour parfait est une assurance absolue que cela est toujours possible. Donc, nous irons bien tous au paradis ?

Absolument pas. Le pardon n'agit pas sur la personne qui blesse, mais sur la personne blessée. Quand Dieu pardonne, cela veut dire qu'Il ne garde aucun ressentiment envers l'homme qui L'a blessé. Mais l'homme blessé garde son statut de « blessant ». Quand des parents pardonnent à l'assassin de leur enfant, il en va de même : ils chassent leur sentiment de haine envers l'assassin, mais ce dernier conserve son statut de tueur. L'acte n'a pas été transformé par le pardon. Donc tout homme qui veut s'éloigner de Dieu peut être pardonné et rester à jamais loin de Dieu.

Dieu plus grand que tout

EST-CE À DIRE que l'homme ne peut plus jamais rejoindre Dieu, une fois qu'il s'en est éloigné? Si c'était vrai, cela heurterait l'amour parfait de Dieu et Sa toute-puissance, car Il peut tout guérir.

Si l'amour de Dieu peut tout pardonner, que peut-Il faire si l'homme change d'avis après s'être éloigné de Lui? Après tout, Dieu a créé l'homme afin qu'il puisse exercer son libre arbitre. Il serait illogique que Dieu restât campé sur Ses positions, dans un sens comme dans l'autre, quand l'homme exécute ce pour quoi il a été créé.

Donc Dieu est obligé de réviser Sa position à chaque fois que l'homme change d'avis. Cela va donc profondément contre toute notion de destinée, qui enferme l'homme dans un carcan dont il ne peut s'extraire. Puisqu'il peut toujours exercer son libre arbitre, il n'est pas concevable que la destinée existe.

Il est donc rassurant pour l'homme, quelles que soient ses actions passées, qu'il soit assuré que Dieu l'écoute s'il décide de changer d'avis. C'est évidemment plus rassurant pour ceux qui se sont éloignés de Dieu que pour les autres, car cela leur laisse toujours une porte de sortie… tant que la vie demeure !

Pourtant, un homme qui se serait éloigné grandement de Dieu, tel le Bon Larron, et qui entrerait dans l'éternité grâce à son ultime parole, heurte le sentiment de justice de l'homme. *Quid* de celui qui a consacré sa vie à Dieu sur Terre ? N'y aurait-il pas là une injustice criante ? Et l'injustice n'est pas conforme à la bonté parfaite de Dieu, n'est-ce pas ?

Le Fils de Dieu répond à cet apparent paradoxe à l'aide de deux paraboles : les ouvriers de la dernière heure – ceux qui obtiennent la vie éternelle au dernier moment – et la brebis perdue – il y a plus de joie pour le retour d'un égaré que pour l'ensemble du troupeau des justes. La justice de Dieu diffère de celle des hommes. La façon dont Dieu mesure le poids des actions des uns et des autres n'est pas accessible à l'âme humaine, trop imprégnée de la matérialité du monde. En clair, l'homme n'a pas assez de recul pour juger les actes, et seul Dieu, dans Sa justice parfaite, en est capable. Toutefois, une part de ce jugement est accessible à la raison humaine. Si Dieu ne pouvait pas ramener à Lui, même au dernier moment, un homme qui se serait éloigné, mais qui exprime le désir sincère de renouer, cela voudrait dire que le libre arbitre ne servirait à rien, puisque changer d'avis n'aurait pas d'influence sur Dieu. Il aurait donc créé l'homme avec sa liberté, bien que ce dernier ne puisse pas toujours s'en servir. Il serait donc libre, mais pas libre tout à fait. Or, soit la liberté est totale, soit elle n'existe pas du tout : à l'instar du nudiste, vous êtes pratiquant (nu), ou pas du tout nudiste, puisque vous êtes habillé !

Est-ce à dire que le traitement final sera le même ? À vrai dire, non. Il y a deux aspects dans cette problématique. Le premier tient en la place auprès de Dieu. Il est évident que plus vous serez « proche » de Dieu et plus le bonheur sera important. Mais le bonheur étant parfait auprès de Dieu, comment pourrait-il exister une graduation ? Comment mesurer une distance dans un lieu immatériel où la notion d'espace n'existe pas ? Tout simplement par l'apport des mérites respectifs. Chacun de vos mérites vous « rapprochera » de Dieu, et c'est en cela que vous aurez plus de bonheur qu'un autre, moins méritant : celui qui aura moins de mérite aura moins de bonheur en retour. La justice de Dieu est ainsi conforme à l'effort consenti par le méritant.

Un second aspect tient à l'accession à Dieu. L'Écriture nous apprend l'existence d'un endroit transitoire après la mort pour les âmes destinées à vivre auprès de Dieu, mais qui n'ont pas accompli l'intégralité du chemin vers Lui. Elles ont mérité, par leurs actions terrestres, de vivre l'éternité auprès de Dieu, mais pas suffisamment pour le faire tout de suite. Ce lieu s'appelle le Purgatoire. L'idée serait de conformer l'âme à son accès à Dieu. Vous en déduisez immédiatement que l'âme humaine n'est pas parfaite et doit se parfaire pour rejoindre Dieu, ce qui semble logique puisque Dieu ne peut réunir en Son sein que l'immatérialité parfaite.

A fortiori, l'homme qui s'éloigne définitivement de Dieu n'aura jamais une âme parfaite. Celle-ci ne pourra donc exister éternellement que dans un endroit où Dieu n'est pas présent. La Révélation vous apprend qu'il existe un tel endroit, appelé Enfer. Dieu y a placé les créatures angéliques qui ont renoncé à Lui et qu'Il a nommé les démons. L'homme éloigné de Dieu ne pourra donc vivre éternellement, via son âme, qu'en Enfer… et auprès de ses pairs, les démons !

Il reste le cas des hommes qui aurait exprimé le désir d'aller rejoindre Dieu, mais que Dieu envoie en Enfer. En effet, le Purgatoire n'est qu'un lieu transitoire, destiné à purifier l'âme avant qu'elle ne Le rejoigne. Toutes les âmes qui y entrent finissent donc auprès de Dieu, une fois devenues parfaites. Il semble toutefois exister une limite de capacité de purification : toutes les âmes à purifier ne sont pas « purifiables », un peu comme pour un linge, trop détérioré par la saleté, ne saurait être restitué sans taches après une vigoureuse lessive. C'est encore une fois le Fils de Dieu qui donne une explication sur la manière dont juge le Père. Il effectue un tri « sélectif » – pléonasme à la mode – entre les efforts de l'homme pour rester proche de Lui et s'en éloigner. Seule la pondération de chacun des actes est mystérieuse aux yeux de l'homme, puisque établie selon des critères qui lui sont manifestement inaccessibles. Mais l'exemple du Bon Larron montre combien rien n'est acquis, dans un sens comme dans l'autre. Qui aurait parié un kopeck sur ce crucifié ? Souvenez-vous qu'à l'époque, les Romains ne crucifiaient que les pires des truands, dans un temps où les mœurs étaient déjà bien rudes ! Toujours est-il que si la balance penche du mauvais côté, l'âme ne saurait être purifiable. Elle ne passe donc pas par la case lessive – le Purgatoire – mais va directement à la case poubelle – l'Enfer.

L'âme est abîmée et s'abîme

LE CHAPITRE PRÉCÉDENT a dû vous interpeler. Comment l'âme, entité immatérielle créée par Dieu, peut-elle s'abîmer ? N'est-elle pas parfaite par nature dès sa conception, puisqu'elle est directement l'œuvre de Dieu ?

Réfléchissez à la notion de nature parfaite par conception. Si l'homme possédait dès sa conception une âme parfaite, il serait en tout point identique à l'homme initial, créé parfait par Dieu. Or, ce n'est plus le cas. L'homme actuel est marqué par le choix du premier homme qui a transformé la Création. Or, pour être marqué, il faut un marqueur. Si tous les hommes sont marqués, ce marqueur est universel. De plus, le marqueur ne réside pas seulement dans le matériel, puisqu'il touche aussi l'immatériel. Comme l'âme est le moteur de l'homme – de la vie et de sa conscience, le marqueur imprime aussi l'âme. Cependant, celle-ci est créée par Dieu à chaque naissance, donc parfaite : dans ce cas, comment peut-elle être marquée d'une tache ?

Cette réalité découle de la nature de l'homme : le premier homme qui s'est éloigné de Dieu n'a pas fait que transformer la Création, il a aussi transformé sa propre nature. Il a créé un marqueur dans son âme. Comme il était le premier, ce marqueur est appelé originel et s'appelle plus couramment le péché. Le péché est donc ce qui éloigne de Dieu. En transformant sa propre nature, le premier homme a transformé la nature de tous les hommes, puisque la nature est ce qui est commun à tous les hommes. Le péché originel, marque de cette transformation, imprègne ainsi tous les hommes depuis. Dieu n'intervient pas dans ce processus : Il crée bien l'âme parfaite, mais dans une nature d'homme imparfaite, tachée par le péché originel. Chaque âme créée possède donc aujourd'hui, par nature, le péché originel.

Est-il possible d'ajouter du péché au péché originel ? Formulé autrement, l'homme peut-il s'éloigner davantage de Dieu ? S'il n'est pas responsable du péché originel, il peut très bien exercer son libre arbitre pour s'éloigner davantage de Dieu. Il peut donc ajouter au péché originel ses propres péchés.

Dès lors, pour quels péchés l'homme peut-il être jugé ? Il n'est pas concevable, dans une justice parfaite, d'être jugé pour un fait que vous n'avez pas commis. Les hommes ne sont pas responsables du péché originel – si ce n'est le premier d'entre eux – et Dieu ne peut pas les condamner sur cette base. En revanche, Il juge forcément les péchés que l'homme a commis de son plein gré. Ce sont donc ses péchés personnels que Dieu met directement en cause dans son jugement.

Enfin, si l'homme ajoute ses propres péchés au péché originel, et que ce dernier entache l'âme, les péchés de l'homme entachent par conséquent son âme. L'homme peut donc, par son action, abîmer son âme immatérielle : cela explique *a posteriori* le traitement par le Purgatoire. L'âme abîmée par le péché doit retrouver sa perfection, avant de rejoindre Dieu pour l'éternité. Techniquement parlant, dire que l'âme se purifie au Purgatoire est sensé, car il s'agit bien de débarrasser l'âme de ce qui la souille afin qu'elle redevienne telle que Dieu l'a créée.

La destruction du péché originel

LE FAIT que l'âme de l'homme soit entachée dès sa naissance pose un problème de justice : comment l'homme peut-il rejoindre Dieu si les dés sont pipés ? Quelles chances a-t-il de réussir dans ces conditions ?

Là encore, la réponse de la Révélation est claire : l'homme n'en a aucune, il ne peut pas réussir. Il y a là encore une certaine logique. S'il le pouvait, l'homme aurait les moyens de remédier au péché originel par son action. Il aurait donc les moyens de changer sa nature. Techniquement, cela serait sans doute possible, car l'homme l'a déjà fait dans un sens. Il serait sensé qu'il puisse le faire dans l'autre. Même s'il est parfois plus aisé de défaire que de refaire. Mais, pour changer sa nature, l'homme doit faire action sur tous les hommes à la fois, pas seulement sur lui-même. Par définition, c'est impossible : voyez cela comme une autre application du second principe de la thermodynamique. Le monde va vers toujours plus de chaos, pas vers plus d'ordre. Il faudrait alors à l'homme non seulement changer sa nature, mais changer aussi la Création entière. Entreprise pour le moins ardue !

Supposez toutefois qu'il soit possible de détruire le péché originel dans l'âme : que se passerait-il ? Là encore, l'homme vit dans une Création qui a une dynamique d'expansion, de l'ordre vers le désordre, comme une entropie croissante. Il ne peut lutter contre cet effet, inhérent à la Création entachée, car il vit lui-même dans cette Création. L'homme subit donc le désordre du monde, malgré lui. De fait, c'est exactement ce qu'affirme l'Église. Elle propose d'ailleurs le baptême, lequel, en tant que sacrement, permet de faire intervenir Dieu directement, pour détruire le péché originel. Baptisé, l'homme retrouve son âme débarrassée du péché originel. Pourtant, le baptisé ne retrouve pas son statut antérieur à la chute de la Création. Il reste mortel, susceptible de tomber malade, et tout à fait capable de s'éloigner à vitesse grand V de Dieu. Il est donc *a priori* peu différent d'un non baptisé, au moins si vous vous fiez à son apparence. Si l'Église affirme pouvoir détruire le péché originel, elle ne prétend pas pouvoir faire quelque chose contre ses conséquences, ce que je décrivais plus haut comme l'entropie de la Création entachée. L'Église nomme cette entropie la concupiscence. Bien que débarrassé du péché originel, l'homme reste sous la coupe de ses conséquences. Il peut donc toujours chuter.

Quoi qu'il en soit, par le baptême, l'Église propose un moyen de justice. Si l'homme n'est pas responsable du péché de son ancêtre, il est injuste qu'il porte sur lui les traces d'une faute qu'il n'a pas commise. En se débarrassant de cette tache, il accède à la justice : désormais, seuls ses propres péchés pourront entacher son âme, même si Dieu ne l'aurait pas jugé pour cette faute originelle. Malgré cette certitude, il lui est plus confortable d'être débarrassé d'un poids dont il n'est pas responsable.

Notez qu'*in fine*, cette justice rendue le rapproche de Dieu, puisqu'il retrouve un peu de son statut originel. Pour indiquer cette transformation, l'Église déclare que l'homme redevient fils de Dieu par le baptême.

Grâce à Dieu et grâce de Dieu

Si Dieu intervient par le moyen d'un sacrement de l'Église, cela veut dire qu'Il intervient pour contrarier la Création entachée. N'est-ce pas contradictoire avec le libre arbitre de l'homme ?

Dieu ne peut en effet contrarier le libre arbitre de l'homme sans se renier. Or, si Dieu se reniait, Il ne serait pas parfait. Sa nature L'empêche donc d'intervenir. Mais rien ne L'empêche d'aider quelqu'un qui Lui en ferait la demande explicite. En effet, si l'homme demande librement à Dieu d'intervenir, Dieu ne se renie pas en accédant à ce désir. En revanche, rien ne L'oblige à lui répondre, puisque Lui aussi est libre et agit donc selon Son bon vouloir. Toutefois, étant la bonté parfaite, il serait pour le moins étrange qu'Il ne prenne pas en pitié toute demande sincère. Il est donc certain qu'Il est touché par toutes les prières venant des hommes.

Mais le fait d'être touché Lui impose-t-il d'accéder à la demande du priant ? Certainement pas. L'homme, n'ayant pas une vision claire de l'avenir et ses sens étant trompés par la concupiscence, peut très bien demander sincèrement quelque chose de mauvais, pour lui comme pour les autres. Étant la justice parfaite, Dieu se renierait en accédant à un souhait qui serait inapproprié. La justice consiste dans ce cas... à ne pas accéder à la prière, quelle que soit la ferveur avec laquelle elle est effectuée. Du point de vue de l'homme, la prière semble vaine, car Dieu ne répond pas : une apparente injustice touche l'homme qui se sent rejeté par Dieu, alors qu'il s'agit en réalité de tout le contraire. La vérité est qu'être au centre de l'expérience empêche l'homme d'avoir le recul nécessaire pour embrasser la réalité toute entière. C'est un peu la base de la physique, dont la loi est externe à l'expérience. On ne peut être à la fois expérimentateur et objet de l'expérience.

Si Dieu peut modifier Sa Création en cours de route, comment le fait-Il ? Par quel moyen ? Rappelez-vous que Dieu est cause première : Il est donc à l'origine de tout. C'est donc Sa volonté qui s'exprime quand Il intervient, et Il intervient où Il veut et quand Il veut. Il a cependant un objectif – ramener l'homme à Lui – et Il intervient donc à cette fin. Dieu ne conditionne pourtant pas Son intervention : Il donne, mais seuls ceux qui veulent bien recevoir Son don le reçoivent pleinement. Rappelez-vous qu'Il place en chacun des hommes le désir d'éternité, par le moyen d'une quête inassouvissable du bonheur. Mais tous ne L'écoutent pas.

Par quel moyen Dieu touche-t-Il les hommes ? Il en a deux à Sa disposition : l'immatériel et le matériel. Il communique avec l'immatériel des âmes humaines, comme vous sentez les membres de votre corps sans avoir besoin de les toucher pour vous assurer de leur présence. « Modifier » votre âme ne Lui pose pas plus de problème que de la créer, comme Il peut modifier les choses maté-

rielles de la Création, et même violer les lois physiques qu'Il a pourtant instituées. De nombreux
témoignages attestent de la réalisation de miracles, c'est-à-dire de manifestations violant les lois
de la physique, même encore aujourd'hui. Pour
ceux qui voudraient s'en convaincre, il suffit de se
rendre à Lourdes et d'étudier les cas que l'Église
reconnaît comme miraculeux, c'est-à-dire sans explication physique possible. La commission qui
juge ces cas est intransigeante, préférant laisser
passer des cas litigieux plutôt que faire du chiffre.
Vous pouvez aussi creuser du côté des miracles
eucharistiques, ces hosties consacrées qui agissent
pour le moins bizarrement. Dieu agit donc aussi
bien sur l'immatériel que sur le matériel de sa
Création. Il donne selon Son bon vouloir, et certains reçoivent davantage que d'autres, sachant
que tous sont libres de refuser. Ce don permanent
s'appelle la grâce, car la grâce est le don, et c'est
« grâce à » une aide extérieure que vous pouvez
vous en sortir quand vos moyens sont insuffisants.
La grâce est un don parce que vous ne la demandez pas : Dieu en est à l'initiative. Mais c'est « grâce à la grâce » que vous pouvez espérer lutter con

tre votre état, blessé par la concupiscence, et garder le cap jusqu'à la fin.

Notez que la grâce est très compatible avec la notion de cause première selon le point de vue de la conscience. Vous avez établi que la cause première existait selon un long processus de cause à effet, qui remonte le temps. Toutefois, votre conscience, ayant le pouvoir de changer l'avenir, a donc une certaine autonomie, sinon vous seriez contraint à une destinée figée. Votre conscience, si elle est sensible à l'interaction avec la Création, n'en est pas moins sensible au message de la grâce. Ce dernier est même le moteur de votre conscience, puisqu'il est premier. C'est donc bien la grâce qui met en mouvement votre conscience et c'est votre libre arbitre qui décide d'en faire quelque chose. De fait, sans l'intervention de la grâce, l'homme ne pourrait rien faire. La grâce propose, mais l'homme dispose. Mais, en tant que moteur, la grâce demeure la source du mouvement et donc l'unique moyen pour l'homme... de revenir à Dieu. Sans grâce, point de Salut. L'homme ne peut donc se sauver lui-même : Dieu participe pleinement au salut de l'homme par le moyen de la grâce.

120

Les dés ne sont donc pas pipés : Dieu propose un moyen de déjouer le mauvais tirage de l'homme au départ. « Grâce » à Lui.

Les effets de la grâce

L'HOMME vit aujourd'hui dans une Création entachée, où l'ordre originel a été perturbé par l'introduction du péché du même nom. Ce sont les conséquences de ce péché qui pèsent aujourd'hui sur ses épaules : la concupiscence le pousse à s'éloigner de Dieu.

Pourtant, l'homme est libre et peut exercer sa volonté pour s'opposer à la concupiscence. En théorie, cela est suffisant. En effet, il suffit que vous le vouliez pour prendre vos distances avec tout ce qui peut vous éloigner du bien. Rien n'entrave votre volonté et, si vous l'appliquez avec force, elle est souveraine. En pratique cependant, l'homme est incapable de faire face à l'afflux des tentations extérieures. En effet, tandis qu'il s'occupe activement d'un problème, il est assailli par un autre, voire par plusieurs en même temps. Humainement parlant, il lui est impossible de réussir sur la durée. Car, si la volonté est forte sur l'instant, la persévérance est difficile. Un jour ou l'autre, le temps et le nombre de problèmes finissent par avoir raison de la volonté et des efforts.

C'est la raison pour laquelle Dieu envoie sa grâce. En acceptant de recevoir pleinement la grâce de Dieu, l'homme reçoit le soutien nécessaire pour tenir dans la durée. Est-ce à dire que la grâce rend l'homme parfait? Il suffit de jeter un coup d'œil au monde pour en douter. Et vous aurez raison de douter, car la grâce n'agit pas sur le péché, mais soutient seulement la volonté du pécheur. Elle l'aide à maintenir le cap. En cas d'éloignement, elle permet à l'homme de faire pivoter le gouvernail pour le remettre sur la bonne trajectoire. Sans la grâce, le navire, à force de louvoyer, finit par perdre définitivement son cap.

Que produit la grâce auprès de l'homme qui accepte de la recevoir? Elle agit différemment selon les personnes, répandant ses dons selon les qualités des uns et des autres. Chez l'un, elle affermit la foi et, chez l'autre, l'amour. Elle distribue aussi des charismes, comme le don de comprendre la parole de Dieu, ou bien de l'expliquer. Dieu ayant un plan, il est évident qu'Il se sert de Sa grâce pour le réaliser, poussant ainsi qui dans une direction, qui dans une autre, de façon à assembler les pièces de Son puzzle final.

Encore une fois, est-ce que toutes ces explications font écho au monde que vous connaissez ? N'avez-vous jamais réussi à tenir toutes vos bonnes résolutions ? Si oui, vous pouvez écrire un livre qui décrirait la méthode et risquerait de vous enrichir scandaleusement. Il est malheurcusement certain que la réponse est négative. En revanche, il est tout aussi certain que tout le monde n'a pas les mêmes cartes en main dans la vie. Les talents sont variés et s'expriment de différentes façons, mais il y a un fait très révélateur : comment l'homme vit-il une épreuve ? Certains s'écroulent, écrasés par le poids qu'ils jugent insurmontable de ce qu'ils subissent, quand d'autres se transcendent et grandissent dans l'épreuve. Ceux qui grandissent le font en bien et « cela se voit ». Il se dégage d'eux quelque chose de grand, de fascinant, d'attirant, qui pousse à les imiter et à les envier, non pas comme un envieux convoite l'argent, mais pour rayonner de la même façon. Il y a un bonheur certain chez ces personnes, alors qu'elles devraient être malheureuses. N'est-ce pas là le signe d'une quête de bonheur réussie ? N'est-ce pas en contradiction totale avec l'épreuve subie ? N'est-ce pas là la marque d'une grâce de Dieu ?

Vous pourriez objecter d'autres préfèrent s'endurcir en se tournant vers le mal. Combien deviennent cyniques et sans pitié pour survivre ? C'est vrai. Mais font-ils envie ? Projettent-ils l'image d'une quête de bonheur atteinte ? Sincèrement, échangeriez-vous votre place contre la leur ? La réponse est éloquente. Ces gens qui ont refusé la grâce ont trouvé d'autres moyens, loin de Dieu, pour écraser leur problème, souvent en écrasant le monde sur leur passage. Ils ne fascinent que les gens qui n'aiment ni le beau ni le bien. Aux gens « normaux », ils font plutôt horreur.

La loi naturelle

S I DIEU est en communication perpétuelle avec l'homme, soit en l'inclinant vers la recherche du bonheur, soit en le soutenant par sa grâce, vous en déduisez que cette communion est inhérente à l'homme de la Création, qui n'existe par conséquent pas indépendamment de cette aide divine.

Dès lors, il est raisonnable d'affirmer que cette aide agit comme un cadre qui régit la vie de l'homme, comme un support qui l'oriente. L'homme libre peut, de lui-même, sortir de ce cadre, mais s'il écoute sa conscience – à qui Dieu parle, il Lui obéit naturellement. Le cadre devient par conséquent une loi à laquelle il est libre de se soumettre ou de désobéir. Puisque cette loi est universelle et inhérente à l'homme, elle est appelée loi naturelle.

Cette loi régit donc naturellement le comportement humain, permettant à l'homme de choisir l'orientation de sa vie selon sa conscience. En l'écoutant, il obéit à la loi naturelle. En ne l'écoutant pas, il la transgresse.

Du point de vue humain, à quoi ressemble cette loi naturelle ? Comme Dieu est la bonté même et qu'Il aspire à ce que l'homme vive auprès de Lui cette bonté parfaite, la loi naturelle peut se réduire à la bonté, c'est-à-dire au bien. Tout ce qui va vers le bien va dans le sens de la loi naturelle et tout ce qui l'empêche s'y oppose. Vous avez ici une explication de la raison pour laquelle chaque homme est naturellement capable de décider, en conscience, si son action est orientée vers le bien ou vers le mal. C'est une conséquence de la loi naturelle que Dieu lui inspire.

Il va de soi que la loi naturelle ne se réduit pas au bien au seul sens théorique, mais englobe également le bien découlant de vos actions. Elle dépasse plus largement l'homme pris dans sa seule individualité. Ainsi, le bien est d'autant plus important qu'il est donné et partagé : l'homme doit donc naturellement vivre avec ses prochains, unique moyen de partager avec autrui. Sa vocation est donc communautaire au sein de la Création. Si, par obéissance filiale, il doit préserver sa vie et celle des autres, il le doit en raison de la loi naturelle, car sinon, il oppose un mal en contrariant sa vocation de vivre sur Terre. De même, l'homme a le devoir de perpétrer son espèce, sans quoi la Création n'aurait pas de sens. Seul Dieu est juge du nombre d'hommes et l'homme n'a pas à interférer dans le dessein de Dieu. Il doit donc se marier et procréer, en s'abstenant de tout moyen non naturel d'empêcher la procréation. Toute association parasitant la perpétuation de l'espèce, par un moyen détourné ou par une association contre nature, irait contre la loi naturelle et éloignerait donc l'homme de Dieu. En revanche, rien ne l'empêche d'utiliser des moyens naturels pour ne pas procréer tout en respectant le cycle de la femme. Dieu ne demande pas à l'homme de ne pas utiliser sa raison : bien au contraire !

La loi humaine orientée vers le bien commun

Puisque l'homme est appelé à vivre en communauté, il doit donc y établir des règles afin que tout se passe bien. En théorie, ces règles sont superflues, car il suffit à l'homme de suivre la loi naturelle pour que tout aille pour le mieux. En pratique, le monde allant de travers, il vaut mieux prévenir que guérir.

Ces règles sont les lois humaines, et il paraît évident qu'elles sont une conséquence de la loi naturelle, car elles lui sont soumises. Une loi humaine qui transgresserait la loi naturelle empêcherait l'homme d'agir pour le bien : elle serait donc impossible à suivre par l'homme qui voudrait rejoindre le chemin qui mène à Dieu.

La loi humaine ne peut se réduire uniquement au bien individuel, car elle est orientée vers la collectivité, non vers l'individu. Pour être conforme à la loi naturelle, elle doit être à la fois conforme au bien et à la communauté : c'est la raison pour laquelle elle doit tendre vers le bien commun. Une loi humaine peut donc présenter une apparente contradiction : elle peut entraver un individu pour le bien de tous les autres. L'empêchement peut être vu comme un mal d'un point de vue général, puisqu'il contrarie la liberté individuelle. Mais, si cette interdiction empêche l'homme d'apporter un mal à la communauté, il s'agit d'un bien. Par exemple, le vol peut être justifié d'un point de vue individuel, puisque l'individu peut exercer son libre arbitre et avoir envie de voler – en assumant s'éloigner de Dieu. Ce faisant, le voleur offense d'autres individus, rompant l'harmonie de la communauté. Il est donc nécessaire, pour que la communauté puisse cheminer vers le bien, d'empêcher tout individu qui compromettrait ce cheminement par ses actions. Toutefois, la loi humaine ne peut violer la loi naturelle, même pour le bien commun. La justice doit toujours être respectée et si une personne est punie, sa peine doit être proportionnelle à son acte.

La gouvernance des hommes

L A LOI HUMAINE est donc une loi élaborée par des hommes, mais soumise à la loi naturelle, elle-même issue de Dieu. Elle n'a donc aucune prétention à exprimer quoi que ce soit qui aille contre la loi naturelle, sans dénaturer sa propre essence.

Il en résulte que l'homme qui suit Dieu ne peut suivre la loi humaine que si cette dernière est conforme au bien commun. Si c'est le cas, l'homme a alors l'obligation de la suivre, au même titre qu'il suit la loi naturelle, car la loi humaine est édictée dans le même sens.

Notez que cette définition de la loi humaine n'a rien à voir avec ce que vous pouvez lire ici ou là, où la loi serait l'expression de la volonté populaire. Cette définition est en accord avec la précédente, si et seulement si la volonté populaire est au service du bien commun. Ce qui est rarement le cas aujourd'hui…

Les lois humaines sont nécessaires au bien commun de la collectivité, mais il est aussi nécessaire de diriger cette communauté car, sans impulsion, il y a un risque d'éparpillement des ressources, de dispersion des bonnes volontés et d'inefficacité du fonctionnement général. Comme Dieu dirige en insufflant la loi naturelle, il est nécessaire qu'un chef insuffle une telle dynamique à sa communauté. Le chef doit donc agir, en lieu et place de Dieu, auprès des hommes, afin de les diriger vers leur fin dernière, qui est d'être auprès de Dieu. Son action s'oriente donc aussi vers le bien commun. À ce titre, et de la même façon que pour la loi humaine, l'homme qui chemine vers Dieu doit alors respect, obéissance et soumission au chef, car ce dernier agit de façon délégataire par un mandat de Dieu. En quelque sorte, l'homme se trouve face à Dieu, qui l'aide directement. Notez que la notion de chef ne se réduit pas seulement au titre de chef de la communauté entière mais, par délégation, à tous ceux que le chef aurait lui-même mandatés. Ces responsables agissent alors au nom de ce chef, et chacun leur doit respect et obéissance, pour les mêmes raisons que pour le chef suprême.

Bien entendu, la soumission et l'obéissance cessent dès que le chef outrepasse sa délégation de pouvoir ou s'il oriente son action contre le bien commun. Les hommes ne lui doivent alors plus rien. En revanche, ils ont alors l'obligation de chercher un autre chef pour remplir la fonction de façon adéquate. Les hommes ont même le devoir de destituer l'imposteur, puisqu'il oriente la société contre le bien commun. C'est affaire de justice envers la communauté et donc affaire d'action de bien commun.

Notez que, dans une société orientée vers le bien commun, la justice doit être rendue conformément à la justice divine : il ne peut y avoir de traitement de faveur et les juges doivent être impartiaux. Si la société confie une charge à quelqu'un, en lui octroyant des privilèges particuliers, cela ne peut être qu'en échange d'un service spécifique, destiné à accroître le bien commun de cette société, qui n'est pas capable de l'obtenir le cas échéant. La justice réside dans le donnant-donnant. Si l'un des éléments manque – la charge n'est plus active, par exemple – la personne ne peut alors plus exercer son droit au privilège afférent.

Une question pertinente se pose : existerait-il une forme de gouvernance privilégiée pour assurer à l'homme la garantie du bien commun ? En réalité, il n'y en a pas, puisque toute forme de gouvernement peut techniquement s'orienter vers le bien commun : il suffit pour cela aux intervenants de s'y conformer. Ainsi, un tyran qui dirige sans jamais consulter son peuple peut très bien agir pour le bien commun, émettre des lois humaines conformes à la loi naturelle et rendre la justice sans iniquité. D'une façon générale, plus vous aurez d'acteurs à connecter, plus il sera compliqué de converger vers le bien commun si tous ces acteurs sont à convaincre préalablement. C'est un peu le problème de la démocratie qui met en balance l'avis de l'ensemble de la population. Si la majorité est favorable au bien commun, vous pouvez espérer que la gouvernance la respecte et que les institutions du pays s'y conforment. Mais il suffit que la majorité s'inverse pour que l'homme qui suit Dieu soit à contre-courant de la société, voire en opposition frontale. À l'heure actuelle, il n'existe aucune démocratie sur Terre qui puisse prétendre au titre de respect du bien commun. Quand la loi humaine, appliquée par la force, est contre la loi naturelle, l'homme qui suit Dieu se trouve dans l'obligation de lui désobéir. Avec tous les risques que cela induit. Techniquement, il y a peu de gouvernements qui offrent une garantie de la loi naturelle sur Terre aujourd'hui, ce qui n'est pas surprenant, eu égard à l'état de la Création depuis le péché originel.

Tout va donc très mal pour l'homme qui essaie de se conformer à la volonté de Dieu.

Conclusion

QUE DE CHEMIN PARCOURU depuis la première page de ce livre ! Il est temps de conclure, car mon but est d'offrir une introduction à la rationalité et la foi, non d'en faire un traité complet. Je vous propose donc de rassembler et de synthétiser tout ce que vous avez découvert.

L'homme est une créature raisonnable, dotée d'intelligence, la seule de l'univers à être capable d'abstraction pour comprendre le monde dans lequel il vit. Il en a déduit des lois physiques qui sont des modèles abstraits, permettant de décrire ce qu'il observe de la nature. Ces lois sont très robustes quand elles démontrent le mécanisme qui régit ces observations et quand elles sont capables de prédictions. Elles sont d'autant plus robustes qu'elles ont été prouvées par l'expérience, partout et en tous lieux. L'homme a établi un grand nombre de lois physiques, en perçant peu à peu les secrets du fonctionnement de l'univers, même s'il ne maîtrise pas encore tout parfaitement. Plus les connaissances avancent, plus les lois sont abstraites, requérant de grandes capacités d'abstraction, et les réservant à petit nombre d'élus à l'intelligence particulièrement développée, capables de les appréhender.

La loi fondamentale qui a engendré toutes les autres est la loi d'action-réaction. Elle peut se traduire simplement par « l'effet précède la cause ». En extrapolant cette loi à son maximum, il est possible d'établir que l'univers procède d'une cause unique, conforme à la vision des lois physiques, en particulier de l'astrophysique.

Par le moyen de la métaphysique, qui permet d'appliquer la logique à une expérience qui échappe à l'homme, et donc à la physique, il est permis d'établir que cette cause unique est Dieu, un être immatériel, tout-puissant et parfait, constitué de trois personnes tout en étant unique. L'univers est donc Sa Création, fondée sur un acte réfléchi. Dieu a donc un dessein pour cette Création. L'homme étant la seule créature raisonnable et intelligente de la Création, il est raisonnable de penser que Dieu veuille lui expliquer Son dessein.

Le seul « dieu » qui corresponde à cette description est le Dieu des chrétiens. Il s'est révélé au moyen de l'Ancien et du Nouveau Testament, ce qui a permis de combler les trous de la connaissance humaine laissés par la tentative d'explication métaphysique au sujet de Dieu.

Il est tentant de mettre ce que Dieu révèle à l'épreuve des faits. Il ne peut y avoir de contradiction entre ce qu'Il révèle et l'état du monde dans lequel l'homme vit. Si tout ce qu'affirme Dieu trouve un écho dans le monde, alors il est raisonnable de Le croire sur parole. Sa parole résonne comme une nouvelle loi, la loi divine, qui expliquerait le monde encore mieux que la loi physique, qui se contente d'expliquer le mécanisme matériel de l'univers.

136

Dieu a créé l'homme afin qu'il vive auprès de Lui le bonheur éternel. Dieu a créé l'homme libre, afin que ce dernier puisse s'engager sur cette voie en toute liberté. Dieu a créé la matière et le temps pour permettre à l'homme de changer d'avis. Il a aussi créé une part immatérielle dans l'homme – son âme – afin de pouvoir lui parler. Initialement parfait, le monde a été transformé par la rupture de l'homme avec Dieu, ce qui a aussi changé la nature humaine en introduisant le péché originel dans son âme. Depuis, la Création va de travers.

Dieu propose toutefois un rattrapage suite à cette transformation de la Création. Sans violer la liberté de l'homme, Il lui insuffle le désir de vivre le bonheur, afin de l'aider à trouver le chemin vers Lui. Comme l'homme est empêché par les conséquences de la transformation de la Création, et qu'il ne peut y arriver de lui-même, Dieu insuffle Sa grâce pour aider l'homme à tenir malgré sa volonté défaillante. Celui-ci peut donc en permanence s'appuyer sur sa conscience pour orienter judicieusement ses choix.

Tout ce qui a été établi ici est conforme à la description du monde et tout s'explique par ce moyen.

Vous avez donc une loi divine qui décrit parfaitement la Création, outrepassant les simples lois physiques qui se concentrent sur son seul aspect matériel.

Postface

L'ÉCRIVAIN écrit avant tout pour lui et je n'échappe pas à cette règle. Toutefois, j'ai aussi écrit ce livre pour les gens comme moi, qui n'avancent pas sans comprendre, qui sont restés des petits enfants dans leur cœur, avec à la bouche cette question – pourquoi? – et qui ne cessent de la poser de façon exaspérante tant que la réponse ne leur convient pas. On nous appelle aujourd'hui des *geeks*, ces passionnés à l'envie dévorante de découvrir les mécanismes sous-jacents de leur environnement.

Si l'on associe souvent le geek à la technologie, il n'en reste pas moins qu'il ne s'agit là que d'un bête sous-ensemble de la réalité. Un vrai geek ne se restreint pas à la science et veut creuser bien au-delà. Dès lors, pourquoi ne pas explorer un domaine apparemment aussi éloigné que possible de cette science, comme la foi? Il peut paraître incongru, voire fou, de vouloir comprendre les rouages de Dieu, Son raisonnement et les motivations de Ses choix. Après tout, Il est Dieu et nous ne sommes pas grand-chose, n'est-ce pas?

Pourtant, il est légitime de nous poser les mêmes questions au sujet de Dieu que pour tout ce qui nous entoure. Pourquoi ne pourrions-nous pas le faire quand il s'agit de Lui? Je crois que la peur guide souvent cette réserve, peur de découvrir que nous nous trompons, dans un sens comme dans l'autre : et si Dieu existait vraiment? Quelle catastrophe pour ces athées de compétition qui ont bâti leur vie sur des certitudes opposées! Et si je découvrais au contraire que Dieu n'existe pas, moi qui ai donné ma foi spontanément, sans rien vérifier? La catastrophe serait encore plus grande.

Alors pourquoi se priver de cette recherche? *Je suis la Vérité*, dit le Christ. La Vérité aurait-elle peur du questionnement? De la recherche? De la confrontation? Dieu exige que la foi soit mise à l'épreuve pour éprouver sa solidité. Il est normal qu'en retour, l'homme examine la Révélation sous toutes ses coutures, qu'il la passe au crible de ses interrogations. Après tout, si l'intelligence de Dieu est parfaite, elle n'a pas pu créer un plan avec des trous ! Et comme ce plan s'adresse à l'homme, il n'y a pas de raison que ce dernier ne puisse y accéder, au moins dans ses grandes lignes.

J'ai donc activement cherché à répondre à toutes ces questions. Curieusement, je n'ai pas trouvé de réponses – ou marginalement – dans les écrits modernes, comme si ces questions n'intéressaient personne aujourd'hui. Il faut chercher chez les anciens, en particulier chez saint Thomas d'Aquin, pour obtenir les réponses à la plupart des questions qu'un homme sensé et rationnel se pose sur la foi. La question qui me sidère est pourquoi l'Église, aujourd'hui, ne se sert-elle pas davantage des écrits du prince de la scolastique ? Le monde moderne aurait tant à gagner à entendre un discours construit sur la logique et qui n'a pas peur d'aller au fond des problèmes les plus dérangeants. Et pourtant, entendre prôner saint Thomas d'Aquin dans une homélie en chaire est aussi rare que de trouver un politicien se battant pour le bien commun. Quel trésor cependant !

J'ai tenté de restituer un peu de ce trésor, en le replaçant dans le contexte de la science moderne, en particulier celui de la physique. Il est curieux, toutes choses égales par ailleurs, que le résultat forme une « loi physique » capable de comprendre le comment et le pourquoi, et de prédire l'avenir. Bien entendu, cette « loi physique », que l'on pourrait plus sûrement appeler *loi métaphysique*, ou encore mieux, *loi divine*, ne pourra être définitivement prouvée qu'à la fin des temps.

Je vous mets toutefois en garde. Si le geek qui sommeille en vous a besoin d'explications, vous ne pouvez faire abstraction de la foi. La foi est avant tout une rencontre, et si vous pouvez la soutenir par la raison, elle n'en a nul besoin en elle-même. La Foi est un don du Père qui ne demande qu'à être accepté avec humilité. Mais rien n'empêche ensuite d'avoir les pieds sur terre et de regarder le dessous des cartes ! Ou même de commencer par vous questionner avant d'accepter la foi. Il n'y a en effet aucun prérequis quant à la manière de la recevoir. Puisque le Christ exige de ses disciples de devenir des flambeaux qui rayonnent, il est d'autant plus facile d'éclairer les autres si vous êtes, vous-même, convaincu et que vous pouvez répondre à toutes les questions avec des arguments solides, étayés par une logique difficilement attaquable. L'homme a soif de voir son intelligence reconnue et prise en compte, tout particulièrement dans une société qui ne cesse de le tirer vers la médiocrité et vers le bas.

Attention toutefois à ne pas tomber dans l'excès. La preuve de l'existence de Dieu est une preuve non complète, reposant essentiellement sur une logique humaine qui, par essence, ne peut embrasser ce qu'elle ne contient pas : la Création est contenue dans Dieu et non le contraire. Cette preuve reste néanmoins solide, pourvu que vous la complétiez avec tout le discours qui s'ensuit, soit peu ou prou celui du docteur angélique. « Grâce » à un zeste de science, vous tenez probablement là l'explication la plus solide du mystère de la Création, celle qui permet de répondre à toutes les questions, en particulier à la grande question existentielle humaine. Ce n'est pas rien, n'est-ce pas ? Muni de tous ces éléments, il ne vous reste alors plus qu'à faire un choix, un choix que le pari pascalien peut vous aider à trancher. Non sans une certaine logique, Blaise Pascal affirme ainsi dans ses *Pensées : pesons le gain et la perte, en prenant croix que Dieu est. Estimons ces deux cas : si vous gagnez, vous gagnez tout ; si vous perdez, vous ne perdez rien.* Vous avez-là une « preuve » plutôt convaincante. L'accepter, c'est répondre à la grande question que se pose l'homme, celle que vous vous posez forcément. Qu'avez-vous donc à perdre d'essayer ? Dans le meilleur des cas, vous décrocherez le jackpot. Dans le pire, vous n'aurez rien perdu... Finalement, croire n'est pas l'option la moins logique : c'est assurément la plus sensée.

Au moins pour un esprit rationnel.

Si mon propos vous a intéressé, je vous engage à l'approfondir en lisant directement la *Somme Théologique* de saint Thomas d'Aquin. Son ton académique et son propos très dense pouvant toutefois rebuter au premier abord, une lecture intermédiaire comme le *Sommaire Théologique de saint Thomas d'Aquin* du R.P. Raphaël Sinueux est à même de faciliter la transition.

Enfin, pour définitivement mettre à bas le poncif que la science est incompatible avec la foi, je vous engage à lire le très beau livre *Dieu, La Science, Les Preuves* de Michel-Yves Bolloré et Olivier Bonnassies, livre que j'aurais tellement voulu écrire, tant il fait une synthèse très éclairée entre la science moderne et sa compatibilité avec la foi.

Saint-Michel, Carême 2024

Table des matières

De natura rerum : les lois physiques de
    la nature 7
Le référentiel de Galilée 11
Le génie d'Isaac Newton 13
Les mathématiques de la physique new-
    tonienne 18
Que la force soit avec toi ! 21
La mécanique newtonienne : une confiance
    absolue ? 24
La mécanique quantique et la relativité
    générale 28
Il est temps d'observer le temps 35
Conclusion sur la physique 38
De la conséquence de l'enchaînement des
    causes 40
Une cause première 45
Les conséquences de l'existence d'une cause
    première 47
De quoi est constituée la cause première ? 49

Quelles sont les qualités de la cause pre-
    mière? 51
Le portrait-robot de la cause première . 53
Comment se nomme la cause première? 56
Pourquoi la Cause a-t-elle créé l'univers? 57
L'intelligence parle à l'intelligence . . . 61
Des dieux à Dieu? 63
Des hommes eux aussi immatériels? . . 68
La fin dernière comme dernière chance? 72
Ô temps, suspends ton vol... 75
La séparation d'avec Dieu était inévitable 78
Un monde immatériel 81
Le poids de la liberté 86
Des conséquences du libre arbitre 89
Des conséquences matérielles de l'éloi-
    gnement de Dieu 92
Des conséquences de l'existence de l'âme 95
Le libre arbitre contre la volonté de Dieu 102
Dieu plus grand que tout 104
L'âme est abîmée et s'abîme 110
La destruction du péché originel 113
Grâce à Dieu et grâce de Dieu 116
Les effets de la grâce 121
La loi naturelle 125
La loi humaine orientée vers le bien com-
    mun 128
La gouvernance des hommes 130
Conclusion 134
Postface 138

Crédits

Relecture : Claire Bertholet

Correction : Nolwenn Cafel

Première de couverture : œuvre originale de l'auteur

Quatrième de couverture : photographie sous licence CCO extraite de

`https://pxhere.com/fr/photo/1228461`

Les fontes utilisées dans cet ouvrage sont TeX Gyre Schola, BlackChancery, Prida 65 et Linux Libertine Mono. L'ornement d'intertexte est un travail dérivé de l'auteur à partir de

`https://fr.freepik.com/vecteurs-libre/collection-ornements-vintage_2027183`

Le livre papier a été réalisé avec les logiciels libres Inkscape, LibreOffice et LuaLaTeX.

Si ce livre vous a plu, n'hésitez pas à laisser
un commentaire sur ce site :

https://advictoriam.fr

Il existe une version numérique de cet ouvrage
que vous pouvez télécharger sur le site ci-dessus.